民法典法律适用与案例指引系列

总主编　李永军

民法典继承编
法律适用与案例指引

主　编　李永军

副主编　席志国 郑永宽 陈汉

中国民主法制出版社

图书在版编目（CIP）数据

民法典继承编法律适用与案例指引/李永军主编；席志国，郑永宽，陈汉副主编.—北京：中国民主法制出版社，2022.3
（民法典法律适用与案例指引系列）
ISBN 978-7-5162-2794-7

Ⅰ.①民… Ⅱ.①李… ②席… ③郑… ④陈… Ⅲ.①继承法—法律适用—中国 Ⅳ.①D923.55

中国版本图书馆 CIP 数据核字（2022）第 050373 号

图书出品人：刘海涛
出 版 统 筹：乔先彪
责 任 编 辑：乔先彪 逯卫光 张雅淇

书名/民法典继承编法律适用与案例指引
作者/李永军 主 编
席志国 郑永宽 陈 汉 副主编

出版·发行/中国民主法制出版社
地址/北京市丰台区右安门外玉林里 7 号（100069）
电话/（010）63055259（总编室） 63058068 63057714（营销中心）
传真/（010）63055259
http：// www.npcpub.com
E-mail：mzfz@npcpub.com
经销/新华书店
开本/16 开 710 毫米×1000 毫米
印张/13.5 **字数**/190 千字
版本/2022 年 5 月第 1 版 2022 年 5 月第 1 次印刷
印刷/三河市宏图印务有限公司

书号/ISBN 978-7-5162-2794-7
定价/53.00 元

本书编委会

主　　任　李永军

副 主 任　席志国　郑永宽　陈　汉

编委会成员（按姓名拼音排序）

陈　汉　韩新磊　李大何　李伟平

李遐桢　李永军　刘志军　苏紫衡

王伟伟　席志国　辛巧巧　于程远

张兰兰　张亦衡　甄增水　郑永宽

撰 稿 人（以撰写章节先后为序）

陈　汉：第一章、第二章

于程远：第三章、第四章

席志国（审校）：第三部分　文书范本与制作指引

作者简介

李永军 法学博士，中国政法大学二级教授、博士生导师，中国法学会民法学研究会副会长，中国法学会民法典编纂领导小组成员。国家社科基金重大项目“民法典编纂的内部与外部体系研究”（项目号 18ZDA141）首席专家；主持国家社科基金重点项目“民法典分则立法的内在与外在体系研究”。代表著作有：《民法总论》《民法总则》《合同法》《自然之债论纲——源流、规范体系与效力》《民事权利体系研究》《海域使用权研究》《破产法律制度》《破产重整制度研究》《合同法原理》《票据法原理与实务》。代表性论文有：《我国民法上真的不存在物权行为吗?》《契约效力的根源及其正当化说明理论》《我国合同法是否需要独立的预期违约制度——对我国正在起草的合同法草案增加英美法预期违约制度的质疑》《重申破产法的私法精神》《私法中的人文主义及其衰落》《论商法的传统与理性基础——历史传统与形式理性对民商分立的影响》《民法上的人及其理性基础》《物权与债权的二元划分对民法内在与外在体系的影响》《论债的科学性与统一性》《论债法中本土化概念对统一的债法救济体系之影响》《集体经济组织法人的历史变迁与法律结构》《民法典编纂中的权利体系及其梳理》《物权的本质属性究竟是什么？——〈物权法〉第 2 条的法教义学解读》《论我国民法典中无因管理的规范空间》《论民法典“合同编”与“总则编”和“物权编”的体系关联》《民法典侵权责任编的内在与外在体系》《婚姻属性的民法典体系解释》《民法典物权编的外在体系评析——论物权编外在体系的自洽性》《对我国〈民法典〉上“民事责任”的体系化考察》。

席志国　法学博士，中国政法大学民商经济法学院教授。兼任中国法学会民法学研究会理事、北京市物权法研究会理事。代表性著作有《中国物权法论》等；代表性论文有《论德国民法上的所有人占有人关系——兼评我国〈民法典〉第459—461条之规定》《民法典编纂视野下的动产担保物权效力优先体系再构建——兼评〈民法典各分编（草案）二审稿〉第205—207条》等。

郑永宽　法学博士，厦门大学法学院教授，兼任中国法学会民法学研究会理事，福建省法学会民商法学研究会副会长。代表性著作为《人格权的价值与体系研究》等；代表性论文为《医疗损害赔偿中原因力减责的法理及适用》等。

甄增水　法学博士，华北电力大学法政系教授，硕士生导师。代表性著作有《民法中的善意》等；代表性论文有《双轨制：我国善意取得制度设计的应然路径——兼析〈中华人民共和国物权法〉第106条》等。

李遐桢　法学博士，中国矿业大学（北京）文法学院教授，硕士生导师。代表性著作有《我国地役权法律制度研究》等；代表性论文有《无权处分他人之物转让合同效力的展开》等。

陈　汉　法学博士，中国政法大学民商经济法学院副教授，硕士生导师。兼任中国法学会婚姻家庭法学研究会副秘书长，北京市债法研究会常务理事。研究方向为传统家事法、家事法与其他法律的交叉问题。

于程远　法学博士，中国政法大学民商经济法学院副教授、硕士生导师。代表性论文有《论法律行为定性中的“名”与“实”》《论先合同信息风险分配的体系表达》《民法上目的性限缩的正当性基础与边界》《〈民法典〉时代家庭契约的效力审查体系》等。

李大何　法学博士，最高人民法院民二庭法官助理。代表性论文有《论附随义务及其救济方式》《未来民法典中人格权财产利益的保护模式》等。

刘志军 法学博士，华北电力大学法政系副教授。代表性著作有《民法精要：原理新述·真题精解·判例评析》《劳动法治论：以劳动争议处理为中心》等；代表性论文有《流浪儿童的法律预防机制探讨》《“以房养老”中签订遗赠扶养协议相关问题分析》等。

王伟伟 法学博士，北京市社会科学院法治研究所助理研究员。北京市物权法学会理事。

李伟平 法学博士，青岛大学法学院讲师、硕士生导师，中国政法大学民商法学博士，主要从事民法基础理论、债法等方面的研究，在《政治与法律》《民商法论丛》《法律适用》等期刊发表学术论文多篇；主持、参与国家级、省部级项目多项，曾获青岛大学第九届青年教师教学大奖赛优秀奖。

苏紫衡 法学博士，杭州电子科技大学法学院讲师，浙江省三农法治研究会理事、副秘书长。代表性论文有《对赠与任意撤销权的质疑——以赠与合同观的历史考察为核心》等。

韩新磊 法学博士，中国计量大学法学院讲师。代表性论文有《物权变动混合模式的经济学分析》《未经批准合同的效力状态与责任认定研究——基于对〈合同编（草案）〉第二百九十四条的规范修正》等。

辛巧巧 法学博士，中国政法大学民商经济法学院博士后。代表性论文有《算法解释权质疑》等。

张兰兰 法学博士，中国政法大学民商经济法学院师资博士后。代表性论文有《农村集体经济组织形式的立法选择——从〈民法总则〉第99条展开》和《履行费用过高规则的动态适用——对〈合同法〉第110条第2项第2种情形的具体化》等。

张亦衡 四川大学民商法在读博士生，中国政法大学民商法硕士。代表性作品有《民法典知识竞赛1000题》等。

◎总序

2020年5月28日第十三届全国人民代表大会第三次会议通过了《中华人民共和国民法典》（本丛书简称《民法典》），这是我国政治、经济、文化、社会生活、法治建设中的一个里程碑事件。在《民法典》出台之前的中国民法学研究可谓“百花齐放”，当然亦可说是处于一种“众说纷纭”的状态——因为没有体系化的《民法典》作为基石与起点。因此，即使是民事单行法，在体系上也难免迷失方向而找不到坐标。特别是在我国没有债法的一般性规定的时候，甚至连“什么是物权”“什么是债权”这样的基本概念及其区分都存在很大的争议，来自不同法系的观点交织在一起，很难得出“共识性”的知识。《民法典》的颁布与实施，正是立法机关努力解决这一现象的集中体现。然而，法典化从来都不能一劳永逸地解决所有法律上的难题。法典生命之树长青的秘密恰恰在于由学者、法官、律师以及其他法律工作者所构成的法律共同体，以其为基础和依据，所构建起来的法律教义学体系。

我国《民法典》无论是自其所颁布的时间而言，还是就其内容而言，抑或是自其结构体例来看都可以说是迄今为止全球最新的《民法典》。作为全球最新的《民法典》，我国《民法典》在内容上一方面充分反映了21世纪科学技术最新成果以及人类社会所面临的全新问题，不但将虚拟财产、数据、个人信息、电子合同等纳入其中加以规范，而且还将绿色原则作为其基本原则指导民事活动；另一方面，我国《民法典》还博取世界各国法律文明之长，如在担保制度中大量吸收了美国商法典动产担保制度的规定，从而致力于促进融资、改善营商环境。更为重要的是，我国《民法典》还作出了一系列制度创新，如在总则编中增加了英雄烈士人格利益保护条款、见义勇为条款；在物权编中首创了“土地所有权—土地承包权—土地经营权”的三权分置理论；在婚姻家庭编中首创了离婚冷静期制度；在侵权责任编中增加了自甘风险原则、好意同乘条款、高空抛物致人损害责任等。由此可见，我国《民法典》是一部国际化与本土化、民族化并重的全新法典。

自法典的结构体系而言，我国《民法典》亦颇具特色。从法典的模式来看，从罗马法开始到《法国民法典》，可以说是“三编制”的代表。直至《德国民法典》，其式样可以说是“五编制”的代表。自《德国民法典》以后，世界各国（民法法典化国家）就区分为“法法法系”和“德法法系”。我们必须明白的是：任何一个法系式样，都不是放之四海而皆准的模板。自我国法律现代化的历史以观，整体而言，我国《民法典》仍然采纳了德国法律科学所发展出来的潘德克吞立法体例，也即采纳了提取公因式的总分结构模式。这体现在我国《民法典》不但设有总则编，而且在每一分则编中均采取了进一步的提取公因式的做法，形成了“总则—分则（小总则—分则）”的模式。但是我国《民法典》并未亦步亦趋地模仿《德国民法典》，而是基于我国长期以来已经形成的法律体系及学说观点构建了“七编制”的《民法典》，也即“总则编 + 物权编 + 合同编 + 人格权编 + 婚姻家庭编 + 继承编 + 侵权责任编”。其中具有特色的首先应当是将“人格权”独立成编，体现了我国立法对于人权保护的重视。其次是不设独立的债权编，而是将其区分为合同编与侵权责任编两编，并将侵权责任编置于整部《民法典》的最末，作为所有权利的救济手段。但是，自体系化的视角来看，侵权责任编与合同编仍然是债权编的主要内容。特别是我国《民法典》第 118 条第 2 款规定：“债权是因合同、侵权行为、无因管理、不当得利以及法律的其他规定，权利人请求特定义务人为或者不为一定行为的权利。”其中合同编的通则分编代行债法总则的功能，对此《民法典》第 468 条规定：“非因合同产生的债权债务关系，适用有关该债权债务关系的法律规定；没有规定的，适用本编通则的有关规定，但是根据其性质不能适用的除外。”该条所指的本编通则即是指合同编的通则分编。

时间如白驹过隙，自 2021 年 1 月 1 日《民法典》实施之日起，至今亦一年有余。在这一年多的时间里，学说上对《民法典》的诠释已经汗牛充栋，仅仅关于《民法典》的评注书就有十余部，发表的学术文章更是不计其数。最高人民法院则依据《民法典》对以往民商事领域中的司法解释进行了全面的清理，有的予以修改、有的予以废止，目前正在准备陆续出台《民法典》诸编的全新司法解释。这无疑是民法理论界与实务界一次真正的学术盛宴。作为学术共同体的一部分，我们亦有义务做出自己的贡献。当前呈现给读者的这套《民法典法律适用与案例指引系列》丛书，意在为《民法典》的准确理解与适用提供一个法教义学的体系性解读，其特色在于一方面我们尽量用最为通俗易懂的语言精确地阐释《民法典》的条文和精神，另一方面还精选了一定的案例对重点疑难法律问题的适用加以说明。正如德国联邦最高法院的判决所指出的：法律解释，特别是宪法性法律解释具有商谈的品性，其中即便是方法上毫无争议的作业，在法律专家中亦不能保证获得唯一正确的结论，毋宁在于一方面提出论证的理由，驳斥相反的论证理由，最终选择最佳的论证理由以支持其结论。职是之故，我们的解释仅仅是一种论证的理由，其本身非完美无瑕，肯定还存在诸多错误和不足，敬请各位同人不吝赐教。您的批评和建议将是我们进步和完善的动力和源泉。

在此，还想代表所有作者对所有关心这套著作出版发行的同人和编辑表示衷心的感谢，感谢你们的支持和帮助！

李永军

2021 年岁末

目　　录

第一部分

法条精解与适用

第六编　继　　承

第一章　一般规定

第一千一百一十九条　本编调整因继承产生的民事关系。

【要义精解】

本条是对继承编调整对象的规定。从性质看，本条不属于裁判规则，但属于法律适用的指引性条款。

与《民法典》的其他各分编相同，继承编也在“一般规定”的第 1 条规定了本编的调整对象，其规范意旨在于明确继承编所调整的民事关系的范围。继承编的调整对象是“因继承产生的民事关系”，其中包括人身关系与财产关系，这是总则一般性规定在继承编中的具体体现。

【对照适用】

关于民法的调整对象，《民法典》第 2 条规定：“民法调整平等主体的自然人、法人和非法人组织之间的人身关系和财产关系。”相对应而言，各分编第 1 条均规定了调整对象，虽非裁判规范，但能起到一定的引导作用。继承编在第 1 条中将调整对象规定为“因继承产生的民事关系”，主要包括两个方面的内容：其一，因继承而原始发生的法律关系，典型的例如受遗赠人的请求权、继承人的遗产分割请求权等。其二，因继承而发生法定变更的权利，例如遗产债务的债权人，其债权不但在诉讼主体上发生了变化，并且受制于限定继承规则。

第一千一百二十条　国家保护自然人的继承权。

【要义精解】

该条是对继承权受国家保护的原则性规定。这是宣示性规定，不属于裁判规则。

该条是宪法基本权利中公民继承权受保护的规定在民法中的体现，也是民法典总则编第124条在继承编中的落实与展开——总则与分则在继承权保护上形成了很好的衔接。继承权，是指民事权利主体依照法律规定或继承人生前所立下的合法有效遗嘱，承受被继承人遗产的权利。[1] 本条中的“继承权”，应当作广义解释，既包括法定继承人与遗嘱继承人的继承权，也包括受遗赠人因被继承人之遗嘱获得的遗产请求权。

【对照适用】

对比原《继承法》第1条，本条并无实质性变化，只是将“公民”统一修订重新表述为“自然人”。

对于继承权，《民法典》于总则编第五章第124条规定：“自然人依法享有继承权。自然人合法的私有财产，可以依法继承。”继承编第1120条对于继承权受法律保护的宣示性规定，一定程度上是对总则编第124条的重申。这种宣示性规定虽无适用为裁判规范的功能，但具有行为引导与价值宣示之功能。

第一千一百二十一条　继承从被继承人死亡时开始。

相互有继承关系的数人在同一事件中死亡，难以确定死亡时间的，推定没有其他继承人的人先死亡。都有其他继承人，辈份不同的，推定长辈先死亡；辈份相同的，推定同时死亡，相互不发生继承。

【要义精解】

该条规定的是继承的开始时间及对死亡时间的推定。

该条第1款规定源于原《继承法》第2条，《民法典》予以了继受。几乎在所有国家或地区的立法例中都有关于继承开始时间的规定，确定继承开始的时间，一则可以确定遗产的范围——遗产是自然人死亡时遗留的个人合法财产；二则可以确定继承人的范围。《最高人民法院关于适用〈中华人民共和国民法典〉继承编的解释（一）》（以下简称《继承编解释（一）》）第1条第1款明确规定：继承从被继承人生理死亡或者被宣告死

〔1〕夏吟兰主编：《婚姻家庭继承法》（第二版），中国政法大学出版社2017年版，第225页。

亡时开始。根据《民法典》第 15 条的规定，自然人的死亡时间，以死亡证明记载的时间为准；没有死亡证明的，以户籍登记或者其他有效身份登记记载的时间为准。有其他证据足以推翻以上记载时间的，以该证据证明的时间为准。宣告死亡，通常要具备以下条件：（1）自然人下落不明满法定期间；（2）须经利害关系人申请；（3）须由人民法院依法定程序判决宣告。《民法典》第 48 条规定："被宣告死亡的人，人民法院宣告死亡的判决作出之日视为其死亡的日期；因意外事件下落不明宣告死亡的，意外事件发生之日视为其死亡的日期。"

该条第 2 款，是将《最高人民法院关于贯彻执行〈中华人民共和国继承法〉若干问题的意见》（现已失效，下文简称《继承法意见》）所确定的死亡时间推定规则正式融入了立法之中。根据最高人民法院的相关司法裁判观点，推定规则主要是出于以下价值判断：（1）之所以推定没有其他继承人的人先死亡，是为了尽量避免出现遗产无人继承的情况。因此，这里的没有继承人既指没有法定继承人又指没有遗嘱继承人。（2）之所以推定长辈先死亡，是从意外事件发生后，自然人年龄越大，存活率越低这一基本生活经验出发的，并且从社会自然规律看，遗产应尽量往晚辈传。

确定继承的开始时间，对于继承至少有以下几点意义：（1）确定继承人的范围。继承开始时生存的，才属于（广义）继承人的范围。（2）确定遗产的范围。遗产是自然人死亡时遗留的个人合法财产，在此之前被继承人已经处分了的财产不属于遗产的范围。

【对照适用】

该条第 1 款源于原《继承法》第 2 条："继承从被继承人死亡时开始。"第 2 款源于原《继承法意见》第 2 条的规定："相互有继承关系的几个人在同一事件中死亡，如不能确定死亡先后时间的，推定没有继承人的人先死亡。死亡人各自都有继承人的，如几个死亡人辈份不同，推定长辈先死亡；几个死亡人辈份相同，推定同时死亡，彼此不发生继承，由他们各自的继承人分别继承。"司法解释的规定"升格"到民事基本法的同时，在表述上也更加精确严谨：将"不能确定"修订为"难以确定"。

该条为"死亡推定"条款，在《法国民法典》继承编中也有关于死亡推定时间的规定。与我国不同的是，法国立法例不区分各死亡人是否有继承人、是否辈分相同，而直接排除了各死亡人相互之间的继承。但相互之间继承的排除并不影响直系卑亲属的代位继承权。

此外，在适用中应注意，该条款与《保险法》第42条第2款“受益人与被保险人在同一事件中死亡，且不能确定死亡先后顺序的，推定受益人死亡在先”的关系。在涉及保险金的继承案件中，这两条在适用上可能存在重合。但根据最高人民法院的相关司法观点，有关保险金继承中可能涉及的死亡时间推定以适用《保险法》第42条的规定为宜。根据特别法优于一般法的原则，保险金作为与被保险人相关的一种特殊性质财产，其继承问题应优先适用《保险法》的规定。而且《保险法》第42条第1款已经明确保险金作为遗产继承的几种情形，第2款则单独就被保险人和受益人的死亡时间推定问题作出不同于继承编的特别规定。由此可知，《保险法》第42条第2款有关死亡时间的规定仅针对保险金作为遗产继承的情况。

第一千一百二十二条　遗产是自然人死亡时遗留的个人合法财产。依照法律规定或者根据其性质不得继承的遗产，不得继承。

【要义精解】

该条是关于遗产范围的规定。

该条以“概括 + 排除”的立法方式对遗产的范围进行规定，相较于原《继承法》第3条，《民法典》作了较大修改：(1) 精简对遗产范围的表述；(2) 删除列举项；(3) 增加了除外的规定。

除了死亡之时这一时间要素之外，对遗产的积极确定要素，明确了“个人”与“合法”两个要素。个人，意味着要排除共有之部分。常见的情形包括：夫妻一方死亡，在办理继承时首先应当对夫妻共同财产进行划分，对被继承人个人所有的财产才能作为遗产办理继承。合法，则意味着非法所得不能成为继承所得的标的，依然属于被公权力依法追缴之范畴。从正面去规范遗产，抛弃了过去列举式的立法路径，体现了法学的进步，体现了民众财富的多元性。

本次立法的重要意义，在于以除外规定的模式将部分财产性权利予以排除。何为“依照法律规定或者根据其性质不得继承”？通说认为，与被继承人人身不可分离的财产性权利，以及与被继承人人身有关的专属性债权等不得作为遗产。这些权利和义务专属于被继承人本身，掺杂有人格利益，不作为遗产继承。

【对照适用】

原《继承法》第3条规定："遗产是公民死亡时遗留的个人合法财产，包括：（一）公民的收入；（二）公民的房屋、储蓄和生活用品；（三）公民的林木、牲畜和家禽；（四）公民的文物、图书资料；（五）法律允许公民所有的生产资料；（六）公民的著作权、专利权中的财产权利；（七）公民的其他合法财产。"这种"列举＋概括"式的规定是法学还不昌盛的时候的做法，优点在于方便法官判案。然而在财产类型日益增加、财产形式不断丰富的背景下，1985年制定并实施的《继承法》中关于遗产范围的规定已经不能满足现代社会中关于界定继承纠纷标的物的需求。后虽经《继承法意见》第3条、第4条进行补充，但依然不能涵盖大部分遗产的范围。《民法典》第1122条规定采取了"概括＋排除"的立法方式，具有更好的涵摄力、更强的开放性，能够更为全面地囊括遗产的范围，适应经济发展和社会生活的需要。

第一千一百二十三条　继承开始后，按照法定继承办理；有遗嘱的，按照遗嘱继承或者遗赠办理；有遗赠扶养协议的，按照协议办理。

【要义精解】

该条是关于继承方式适用顺位的原则性规定。

该条规定了法定继承、遗嘱继承、遗赠以及遗赠扶养协议相互之间的适用优先关系，承继于原《继承法》之第5条。该条规定了取得遗产的三种主要方式的优先顺位：遗赠扶养协议、遗嘱继承或者遗赠、法定继承。

民法是私法，以"私法自治"为核心原则。当能够确定当事人的真实意思表示而且该意思表示不具有法律所规定的无效的原因时，应当以当事人真实意思表示为准。因此，当被继承人留有有效遗嘱的，继承人按照遗嘱或者遗赠方式转移其遗产。只有在被继承人没有留有合法有效的遗嘱或者遗嘱并不针对所有遗产之时，才可以按照法定继承办理。

同时，如果被继承人既立有遗嘱，生前又与他人订立过遗赠扶养协议的，应当以遗赠扶养协议优先。《继承法意见》第 5 条对此作了详细规定：如果这两份协议的内容并不相矛盾，那么本着尊重当事人真实意思表示的原则，应当分别按照遗赠扶养协议和遗嘱办理继承；如果遗嘱的内容与遗赠扶养协议的内容相抵触，那么认定与遗赠扶养协议相抵触的遗嘱的内容部分或全部无效，按照遗赠扶养协议的相关规定处理。之所以这样规定，是考虑遗赠扶养协议是双务法律行为，扶养人必须承担对该公民的生养死葬义务才能享有受遗赠的权利。而遗嘱和遗赠是单务法律行为，继承人取得遗产并不需要承担相对应的义务。为了保护扶养人的权利，法律规定当遗嘱与遗赠扶养协议的内容相矛盾时，遗嘱的相关内容无效。

【对照适用】

原《继承法》第 5 条规定："继承开始后，按照法定继承办理；有遗嘱的，按照遗嘱继承或者遗赠办理；有遗赠扶养协议的，按照协议办理。"《民法典》第 1123 条对此一字未改。在继承方式上，比较法中也大多有类似规定。例如《法国民法典》第 721 条规定："死者没有无偿处分其财产时，遗产按照法律的规定转移。遗产得经死者在不抵触继承人特留份的限度内进行的无偿处分而转移。"又如《意大利民法典》第 457 条规定："遗产的转移或依法律或依遗嘱。仅在无遗嘱或有部分遗嘱时，适用法定继承。遗嘱不得损害法律为特留份继承人保留的权利。"

第一千一百二十四条　继承开始后，继承人放弃继承的，应当在遗产处理前，以书面形式作出放弃继承的表示；没有表示的，视为接受继承。

受遗赠人应当在知道受遗赠后六十日内，作出接受或者放弃受遗赠的表示；到期没有表示的，视为放弃受遗赠。

【要义精解】

该条是关于继承和受遗赠之接受和放弃的规定。

本条分两款，分别对继承与受遗赠进行了规定。第 1 款是接受和放弃继承的规定，规则非常简单清晰，采用了推定接受的规则，即只要继承人没有明确表示放弃继承，则在法律上推定为有接受继承的意思表示。同时，因放弃行为涉及继承人和其他利害关系人的利益，所以应当以书面形式作出。

该条第2款是接受和放弃遗赠的规定。接受遗赠的意思表示必须在知道受遗赠后60日内作出，才产生接受的法律效力。通常认为接受遗赠须以明示的方式作出，但在过去的司法实践中也有将实际占有遗产这类具有一定公示性的行为作为接受继承的做法。受遗赠人放弃接受遗赠的，该部分遗产应当按照法定继承方式由遗赠人的法定继承人继承。

【对照适用】

原《继承法》第25条规定："继承开始后，继承人放弃继承的，应当在遗产处理前，作出放弃继承的表示。没有表示的，视为接受继承。受遗赠人应当在知道受遗赠后两个月内，作出接受或者放弃受遗赠的表示。到期没有表示的，视为放弃受遗赠。"与之相比，《民法典》第1124条在第1款中增加了"以书面形式作出"的要求，同时在体例上进行调整：从原《继承法》第四章"遗产的处理"移至民法典继承编第一章"一般规定"。这种体例上的调整是恰当的，因为放弃继承并非遗产处理的问题。

此外，本规定所指的放弃，通常是指单方法律行为模式的放弃。但实务中不乏由于家庭析产协议或其他类型的家庭协议作出的放弃，通常由于涉及协议主体间的利益交换和利益衡量，不能任意反悔，协议从订立时生效。因此，应当作为特例予以认可。

第一千一百二十五条　继承人有下列行为之一的，丧失继承权：

（一）故意杀害被继承人；

（二）为争夺遗产而杀害其他继承人；

（三）遗弃被继承人，或者虐待被继承人情节严重；

（四）伪造、篡改、隐匿或者销毁遗嘱，情节严重；

（五）以欺诈、胁迫手段迫使或者妨碍被继承人设立、变更或者撤回遗嘱，情节严重。

继承人有前款第三项至第五项行为，确有悔改表现，被继承人表示宽恕或者事后在遗嘱中将其列为继承人的，该继承人不丧失继承权。

受遗赠人有本条第一款规定行为的，丧失受遗赠权。

【要义精解】

该条是关于丧失继承权之情形的规定。

该规定体现了“任何人不得于其不法行为中获利”的原则，是对继承人不法或者不道德行为的一种变相的民事制裁，在性质上带有私法惩罚的色彩。

该制度旨在维护社会的道德人伦和家庭秩序，维护良好的遗产继承秩序，维护被继承人的遗嘱自由。关于继承权丧失的原因，各国法律的规定并不完全相同，但大多都注重继承人对于被继承人有无违背道德或者不正当行为。继承人如为法定继承人，自然与被继承人关系密切，被继承人通过遗嘱指定的继承人更是被继承人寄予深厚希望的人。继承人对被继承人实施的违背道德的不正当事项自然应当受到法律的制裁。

该条第 1 款规定了丧失继承权的法定情形。学理上将第 1、2 项称为丧失继承权的绝对事由；第 3 至 5 项称为丧失继承权的相对事由。对于故意杀害被继承人或者为争夺遗产而杀害其他继承人的，无论既遂或者未遂，均彻底失去继承权，被继承人也不得通过宽恕制度恢复其继承权。对于“情节严重”的认定，可以从手段、后果和社会影响等方面加以判断，具体认定上可参见《继承编解释（一）》第 5 条至第 9 条的规定。

该条第 2 款、第 3 款均为此次《民法典》新增规定。其中，第 2 款新增被继承人宽恕制度；第 3 款新增受遗赠权丧失的法定情形。对于被继承人宽恕的问题，先前仅在相关的司法解释中对“遗弃”“虐待”的情形有规定。《民法典》第 1125 条第 2 款明确规定：故意杀害被继承人和为争夺遗产而杀害其他被继承人的情形不得适用宽恕制度，而其他三类情形均可以适用宽恕制度。宽恕制度一定程度上反映了家庭伦理及公权力对家庭介入的有限性。

【对照适用】

原《继承法》第 7 条规定：“继承人有下列行为之一的，丧失继承权：（一）故意杀害被继承人的；（二）为争夺遗产而杀害其他继承人的；（三）遗弃被继承人的，或者虐待被继承人情节严重的；（四）伪造、篡改或者销毁遗嘱，情节严重的。”与之相比，《民法典》第 1125 条主要有 3 处修改：（1）增加丧失继承权的法定情形。第 1 款第 4 项增加“隐匿”遗嘱的情形，同时增加第5项，即“以欺诈、胁迫手段迫使或者妨碍被继承人设立、变更或者撤回遗嘱，情节严重”的情形。(2) 第2款增加被继承人宽恕制度的规定。(3) 第3款增加受遗赠人故意杀害遗赠人丧失受遗赠权的规定。可以说，《民法典》第1125条对于继承权丧失制度的规定是值得肯定的。继承权丧失制度的完善，有助于维护被继承人和继承人的合法权益，同时也彰显了人伦价值和诚信理念。

第二章　法定继承

第一千一百二十六条　继承权男女平等。

【要义精解】

本条规定的是继承权男女平等原则。

本条沿用了原《继承法》第9条的规定，明确了继承权男女平等。这是宣示性的条款，不属于裁判规范。继承权男女平等，是指在法定继承中，继承人不分性别一律平等。我国原《民法总则》第4条规定，民事主体在民事活动中的法律地位一律平等。继承权男女平等原则，是平等原则在法定继承中的体现。确立继承权男女平等原则，符合保障妇女权益的现实需求。我国《宪法》第48条第1款规定，中华人民共和国妇女在政治的、经济的、文化的、社会的和家庭的生活等各方面享有同男子平等的权利。这是男女平等原则的宪法依据，在法定继承中体现为"继承权男女平等"。

在原《继承法》最初制定的20世纪80年代，强调男女平等具有显著的时代意义。时至今日，民法典继承编再次予以倡导男女平等，不仅仅有宣示效力，也有引导遗嘱人的教育意义。

第一千一百二十七条　遗产按照下列顺序继承：

（一）第一顺序：配偶、子女、父母；

（二）第二顺序：兄弟姐妹、祖父母、外祖父母。

继承开始后，由第一顺序继承人继承，第二顺序继承人不继承；没有第一顺序继承人继承的，由第二顺序继承人继承。

本编所称子女，包括婚生子女、非婚生子女、养子女和有扶养关系的继子女。

本编所称父母，包括生父母、养父母和有扶养关系的继父母。

本编所称兄弟姐妹，包括同父母的兄弟姐妹、同父异母或者同母异父的兄弟姐妹、养兄弟姐妹、有扶养关系的继兄弟姐妹。

【要义精解】

本条规定的是法定继承人的范围及继承的顺序。法定继承人的范围是指在适用法定继承时，哪些人可以取得继承权，并依法享有被继承人财产上的权利和履行相应的财产上的义务。本顺位仅适用于法定继承，被继承人通过遗嘱指定继承人时不受该范围及顺序的限制。

世界各国继承法在规定法定继承人时，基本上都以血缘关系和婚姻关系为基础，我国也不例外。依照本条规定，可以作为法定继承人的有配偶、子女、父母、兄弟姐妹、祖父母和外祖父母。此外，民法典继承编第1129条还规定："丧偶儿媳对公婆，丧偶女婿对岳父母，尽了主要赡养义务的，作为第一顺序继承人。"

本条所称"子女"包括婚生子女、非婚生子女、养子女和有扶养关系的继子女。对于胎儿，根据原《民法总则》第13条的规定，自然人从出生时起到死亡时止，具有民事权利能力，依法享有民事权利，承担民事义务。根据该条，胎儿是不具有民事权利能力的。但是在日常生活中，"遗腹子"出生以后不能享有继承权无疑是与人们的认知相违背的。为了更好地保护胎儿的利益，我国原《民法总则》第16条规定："涉及遗产继承、接受赠与等胎儿利益保护的，胎儿视为具有民事权利能力。但是胎儿娩出时为死体的，其民事权利能力自始不存在。"民法典继承编第1155条也规定，"遗产分割时，应当保留胎儿的继承份额"。根据2015年4月15日最高人民法院发布的指导案例50号《李某、郭某阳诉郭某和、童某某继承纠纷案》，我国在司法判决中明确，如果体外胚胎已经进入子宫，那么其可以作为胎儿享有继承权。

本条所称"父母"包括生父母、养父母和有扶养关系的继父母。比较法上，父母多在子女后继承。多数国家规定遗产由直系血亲卑亲属继承，并不是不孝敬父母，而是因为财产向下传递是人类社会约定俗成的规则。将父母作为第二顺序的继承人也有利于避免财产向旁支分散，从被继承人家庭内部流向家庭外部。我国民法典继承编沿用原《继承法》的规定，将父母与子女同时规定为第一顺位的继承人。在某些收养关系中，因收养人与被收养人年龄差距过大，彼此按照生活习俗以祖孙相称，从而构成所谓的“隔代收养”。这种名为养祖孙关系实为养父母与养子女关系的情形，应按养父母与养子女之间的法定继承人身份定位。

兄弟姐妹、祖父母、外祖父母是第二顺位的继承人，符合中国传统道德。本条所称“兄弟姐妹”包括同父母的兄弟姐妹、同父异母或者同母异父的兄弟姐妹、养兄弟姐妹、有扶养关系的继兄弟姐妹。需要注意的是，继兄弟姐妹之间的继承权，因继兄弟姐妹之间的扶养关系而发生。没有扶养关系的，不能互为第二顺序继承人。本条对“祖父母、外祖父母”的范围没有作出明确界定，有学者建议参考上述对于子女、父母、兄弟姐妹的界定，可将（外）祖父母的范围界定为亲生（外）祖父母、养（外）祖父母，以及实际形成扶养关系的继（外）祖父母。但是，形成扶养关系的继（外）祖父母的表述并不准确。结合《继承编解释（一）》第 15 条：“被继承人的养子女、已形成扶养关系的继子女的生子女可代位继承；被继承人亲生子女的养子女可以代位继承；被继承人养子女的养子女可以代位继承；与被继承人已形成扶养关系的继子女的养子女也可以代位继承。”与此相对照，“祖父母、外祖父母”的范围应当限定为生父母或养父母的“父母”，即将形成扶养关系的继父母的“父母”排除在外。

【对照适用】

相对而言，我国立法所确定的法定继承人的范围是相对较为狭窄的。比较法上，大部分国家规定了更为广泛的继承人范围，兄弟姐妹以外的旁系亲属也包括在内。相比较之下，本条对法定继承人的范围界定较为狭窄，容易形成由国家兜底继承的情形，这本质上不利于物尽其用。

第一千一百二十八条　被继承人的子女先于被继承人死亡的，由被继承人的子女的直系晚辈血亲代位继承。

被继承人的兄弟姐妹先于被继承人死亡的，由被继承人的兄弟姐妹的子女代位继承。

代位继承人一般只能继承被代位继承人有权继承的遗产份额。

【要义精解】

本条规定的是代位继承，具体规定了代位继承的范围和代位继承人有权继承的遗产份额。

代位继承是法定继承的一种特殊情况，规范的是部分法定继承人先于被继承人死亡之时的继承规则，体现了遗产往下传承及多子女之间按“户”继承的传统。并非所有的法定继承人先于被继承人死亡时，均发生代位继承。各国均对代位继承的范围加以限制。本条分别规定了第一顺序继承人中的“子女”和第二顺序继承人中的“兄弟姐妹”先于被继承人死亡时两种代位继承的情形。代位继承先于卑亲属，排除配偶与父母，本身就是一种价值判断。比较法上，部分立法例将代位继承限于直系血亲中的卑亲属，也有部分立法例允许兄弟姐妹的卑亲属享有代位继承权。

根据本条，代位继承必须满足以下三个条件。

首先，代位继承规定只发生在法定继承中。代位继承规定在“法定继承”一章，在遗嘱继承中不发生代位继承。比较其他地区立法，如葡萄牙、意大利民法典，遗嘱继承中也可能发生代位继承。

其次，代位继承的发生必须有被继承人的子女或兄弟姐妹先于被继承人死亡的事实存在。被继承人的其他法定继承人先于被继承人死亡均不发生代位继承的结果。

最后，代位继承人必须是被代位继承人的直系卑亲属。被代位继承人的旁系血亲或者长辈直系血亲均无资格行使代位继承权。被继承人的子女先于被继承人死亡的，被继承人的孙子女、外孙子女、曾孙子女、外曾孙子女都可以代位继承，代位继承人不受辈数限制。被继承人的兄弟姐妹先于被继承人死亡的，仅限于其子女代位继承。但也有学者认为，继子女参与代位继承，与姻亲不参与代位继承的一般做法相背离。

关于代位继承的份额，本条规定代位继承人一般只能继承被代位继承人有权继承的遗产份额。这是“按支继承”思想的体现，也为葡萄牙、意大利等国家所采用。而美国部分州，基于同辈同等对待的原则，规定遗产处理时每一代直系血亲分得相同的份额。

【对照适用】

对比可以发现，民法典继承编与原《继承法》在“代位继承”方面的差异主要表现为，增加了“被继承人的兄弟姐妹先于被继承人死亡时”可适用代位继承的规定。这一规定间接扩大了继承人的范围，有助于尽量防止遗产成为无人继承的遗产。但根据本条第2款，仅兄弟姐妹的子女有权代位继承，并非不受代数的限制。这一限定可以反映重视亲情和生活上的扶助关系的立法政策。在一定程度上也扩大了法定继承人的范围。

在第二顺位的法定继承中，只出现了祖父母与外祖父母，但没有与其对应的孙子女与外孙子女，主要的原因是，后者通过代位继承本质上获得了第一顺位法定继承人的法律地位，不再需要通过第二顺位的法律地位。因此，从这个意义上看，孙子女与外孙子女及兄弟姊妹的子女，都在法定继承人的范围之内，只是规定在代位继承之情形而已。

本条留下的一个疑问是：在继承人丧失继承权的情况下，其直系卑血亲能否代位继承的问题。对于这一问题，各国民法典态度不一。这个问题涉及代位继承的性质的界定，究竟应采取代位权说还是固有权说。前者主张，代位继承仅是代位继承人代替继承人之位而发生的继承。在继承人丧失继承权的情况下，代位继承人因无位可代，故不发生代位继承。后者主张，代位继承权是代位继承人的固有权利，不受继承人是否享有继承权的影响。因此，即使继承人丧失了继承权，仍能发生代位继承。有学者认为，固有权说更为可取。既然祖父母、外祖父母可以作为法定继承人，也应当充分保障孙子女、外孙子女对祖父母、外祖父母遗产的继承权。在子女均先于被继承人死亡或无力赡养被继承人时，孙子女、外孙子女对祖父母、外祖父母负有赡养义务。如果因其父母丧失继承权而无法继承祖父母遗产，违背了权利义务相一致的原则。如果没有第一顺序继承人，遗产将由第二顺序继承人继承，即大概率为兄弟姐妹或其子女代位继承，通常情况下这与被继承人的意志相背离。另外，本条也没有规定继承人放弃继承，以及晚辈直系血亲放弃或丧失继承权的情形。如果采取固有权说，举重以明轻，在继承人放弃继承时，应当肯定其直系晚辈血亲的代位继承权。葡萄牙、意大利、智利民法典对此情况下的代位继承予以肯定。对于孙子女、外孙子女等直系晚辈血亲，还有学者建议将其列为第二顺序的继承人，以充分保障直系晚辈血亲的继承权，防止继承权向旁人流转。

第一千一百二十九条　丧偶儿媳对公婆，丧偶女婿对岳父母，尽了主要赡养义务的，作为第一顺序继承人。

【要义精解】

本条规定的是丧偶儿媳、丧偶女婿的特殊的继承权。

儿媳与公婆，女婿与岳父母之间是姻亲关系，本没有继承遗产的权利。但基于现实生活中的情形，许多丧偶的儿媳、女婿在丧偶甚至再婚后依然对公婆或岳父母进行扶养、照料。本着权利义务相一致的民法要求和弘扬敬老爱老的社会精神，本条规定丧偶儿媳、女婿在一定条件下才能依法取得法定继承人资格，享有特别法定继承权。须注意的是，该条确认的丧偶儿媳、女婿的继承权仅仅是单向权利归属。同时，丧偶儿媳、女婿依法成为公婆、岳父母的法定继承人的，不影响其对生父母遗产的继承权利，也不影响其对配偶遗产的继承权利。

将尽了主要赡养义务的丧偶儿媳和丧偶女婿列入法定继承人的范围，是我国原《继承法》的突出特点之一，是中国孝文化在民法中的体现，在比较法上找不到第二例。本条延续原《继承法》的规定，传承立法特色，符合中国传统习俗，体现对社会生活中“善”的尊重与回馈。

至于如何认定“尽了主要赡养义务”，《民法典》并未进行明确说明。此前的《继承法意见》第30条曾有过细化规定：“对被继承人生活提供了主要经济来源，或在劳务等方面给予了主要扶助的，应当认定其尽了主要赡养义务或主要扶养义务。”在司法实践中，对于是否“尽了主要赡养义务”，可以结合以下几个方面进行综合判断。首先，要看丧偶儿媳、女婿在经济上是否对公婆或岳父母进行扶助、供养，老人是否主要依靠其提供的经济条件生活。其次，要看丧偶儿媳、女婿是否在日常生活方面对老人进行照顾，如生病时进行护理等。最后，要看这种赡养是否具有稳定性与长期性。如果仅仅属于偶尔的看望、有限的劳务帮助等，则不能视为尽了主要赡养义务，不能由此取得第一顺序的继承人资格。

【对照适用】

从价值判断来看，立法者将尽了主要赡养义务的丧偶的儿媳、女婿定性为第一顺位的法定继承人，有助于鼓励善行，引导照顾失去子女的老人。

从立法的措辞表述来看，“尽了主要赡养义务”的具体考量因素与判断标准与前述司法实践大体一致，要求丧偶媳婿不仅要在经济层面上供养老人，更要在精神层面上照料老人。这样的规定体现了传统道德观念和人文关怀与法律的融合，在关注老人物质生活的同时关心老人的精神状态，是社会进步的一种表现。

第一千一百三十条　同一顺序继承人继承遗产的份额，一般应当均等。

对生活有特殊困难又缺乏劳动能力的继承人，分配遗产时，应当予以照顾。

对被继承人尽了主要扶养义务或者与被继承人共同生活的继承人，分配遗产时，可以多分。

有扶养能力和有扶养条件的继承人，不尽扶养义务的，分配遗产时，应当不分或者少分。

继承人协商同意的，也可以不均等。

【要义精解】

本条规定的是法定继承的遗产分配规则。

该条文在整体上体现了“平均主义”的遗产分配原则，以份额均等为通常情形，但在特定情形下也会多分或少分遗产，体现了继承法矜老恤幼和鼓励多履行赡养义务的功能。

本条第1款规定，在一般情况下，同一顺序的法定继承人应按照人数平均分配遗产。这是“平均主义”的主要体现。结合以下几款内容，我们认为，若同一顺序的各个法定继承人在生活状况、劳动能力及对被继承人所尽赡养义务等方面，情况基本相同，条件大致相近，他们可以平均继承被继承人的遗产。这是因为法律认为作为同一顺序的法定继承人与被继承人的血缘关系或感情亲疏一般是相似的，同一顺序继承人在法律地位上是平等的，享有平等的继承权。但有些国家与此不同，其民法典规定不同的继承人可能依据不同的情况享有不同的继承份额。

本条的第 2 款、第 3 款与第 4 款，则是对“平均主义”原则的例外性规定。

依据第 2 款之规定，对生活有特殊困难又缺乏劳动能力的继承人，分配遗产时，应当予以照顾。这是“特殊照顾原则”的体现，也体现了继承法矜老恤幼的功能。在继承人没有独立生活来源或其他经济收入，或者继承人尚未成年、年迈或因其他原因丧失劳动能力的、生活有特殊困难的，其取得遗产的份额可以多于其他继承人。从表述来看，立法用了“应当予以照顾”的表述，结合上下文，应当理解为“应当予以多分遗产”。至于多分的程度，则应当由法官根据案件具体情况予以自由裁量。

本条第 3 款规定，对被继承人尽了主要扶养义务或者与被继承人共同生活的法定继承人，分配遗产时，可以多分。这实际上是对生前多照顾被继承人的鼓励。由于尽了主要扶养义务不易证明，因此，立法也认可与被继承人共同生活的继承人可以多分得遗产。“可以多分”意味着是否多分、具体多分多少，都由法官自由裁量来确定。

与上述第 3 款相对应，本条第 4 款规定：“有扶养能力和有扶养条件的继承人，不尽扶养义务的，分配遗产时，应当不分或者少分。”原《继承法意见》第 33 条规定：“继承人有扶养能力和扶养条件，愿意尽扶养义务，但被继承人因有固定收入和劳动能力，明确表示不要求其扶养的，分配遗产时，一般不应因此而影响其继承份额。”有学者建议将此条纳入继承编，这是因为被继承人本身不需要他人供养，而继承人不尽扶养义务的情形也没有造成社会负担，产生负面的道德影响，不应因此受到法律的惩罚。但需要注意的是，此处要求被继承人“明确表示不要求其扶养”。若未明确表示且继承人未扶养的，实践中仍然会被认定为“不尽扶养义务”。

均等的规则是一种缺省规则。因此，本条第 5 款明确了法定继承人之间可以通过遗产分割协议等方式，具体分割遗产。

【对照适用】

我国没有明确规定比较法上常见的应继份规则，而本条所规定的“平均主义”的分配规则，本质上也是一种应继份规则。

本条从适用角度看，重点是第 2 款、第 3 款与第 4 款在实务中潜在的争议。从立法所颂扬的价值来看，上述三款的规定，具有弘扬社会主义核心价值观的意义。但同时不得不承认的是，继承是家事，并且是长期的家庭生活，因此很难如商事交往中那么注重证据的保全。因此，实务中要证明多分或者少分，从举证责任的角度看，是非常艰难的。

第一千一百三十一条　对继承人以外的依靠被继承人扶养的人，或者继承人以外的对被继承人扶养较多的人，可以分给适当的遗产。

【要义精解】

本条是关于继承人以外的人取得遗产的规定，即“酌分遗产”制度。

酌分遗产制度适用于两类主体。第一类是继承人以外的依靠被继承人扶养的人。此类主体分得被继承人的遗产，一般认为源自死后继续扶养的意思，是被继承人生前扶养行为的延续。在实践中，这样的主体相对较少。

第二类则是继承人以外的对被继承人扶养较多的人。老有所依是一个美好的愿望，但往往出于各种历史原因，孤寡老人或者子女不在身边的老人在中国社会生活中并不罕见，国家养老与社会养老的体系并未完整建立。因此，实践中存在诸多孤寡老人由法定继承人之外的“远亲属”甚至邻居扶养照顾的情况。为了在法律上肯定他们的善行，酌分遗产制度就应运而生。

酌分遗产制度不以近亲属关系的存在为发生前提。从制度价值来看，类似于本法关于丧偶的儿媳或者女婿因尽了主要赡养义务之时所获得的第一顺位的继承权。但是从程度上看，要求没有该条款高。从法律效果来看，也是酌情获得适当的遗产。

本条规定的“继承以外”的酌分遗产请求权人，既包括非法定继承人，也包括不同顺位的法定继承人。根据民法典继承编第1127条继承顺序的规定，在由第一顺序继承人继承遗产时，第二顺序继承人不能参加继承。但如果第二顺序继承人中有具备酌分遗产法定条件的，则可以以酌分遗产请求权人的资格酌分遗产。关于酌情分得遗产的法律性质，是一项基于法律直接规定的遗产分割请求权，属于债权性质。在分割遗产之时，权利人需要积极地提出请求。

【对照适用】

与原《继承法》第14条不同，本条对于“继承人以外依靠被继承人扶养的人”删去了“缺乏劳动能力又没有生活来源”这一“双无人员”要件，扩大了酌分遗产主体的范围。在被继承人死亡后，依靠其扶养的人失去经济来源，需要给予必要的缓冲期。酌情分得适当的遗产，是过渡期内扶养理论的体现。实践中，应当结合具体的情形确定适当分得遗产的数额。

但是立法依然保留了原来“适当的遗产”这样的表述。这一表述一方面将分得遗产的数额赋予了法官由其进行自由裁量；另一方面似乎“断绝”了分得所有遗产的可能性。这种表述，在无法定继承人继承进而形成由国家继承的情形中，显得非常不公平。

第一千一百三十二条　继承人应当本着互谅互让、和睦团结的精神，协商处理继承问题。遗产分割的时间、办法和份额，由继承人协商确定；协商不成的，可以由人民调解委员会调解或者向人民法院提起诉讼。

【要义精解】

本条规定的是法定继承人的争议解决方式。

本条整体上属于宣示性规定，并不属于裁判规范。立法目的在于引导继承人妥善处理继承问题。

本条首先鼓励协商。因为遗产分割本身可能是个复杂的问题，往往涉及不方便物理分割的不动产，涉及其他老人的赡养、居住等问题，并且继承人生前的照顾因素也会予以考虑。协商综合考虑多种因素，不但能妥善分割遗产，更能化解矛盾，避免留下未来的争议。

本条进一步规定，协商不成的，可以通过调解或诉讼的方式解决纠纷。人民调解委员会是在基层人民政府和基层人民法院指导下，调解民间纠纷的群众性组织，依照法律规定，根据自愿原则进行调解。2011 年，最高人民法院出台了《最高人民法院关于人民调解协议司法确认程序的若干规定》。根据该规范性文件，当事人根据《人民调解法》第 33 条的规定共同向人民法院申请司法确认调解协议的，人民法院应当依法受理。人民法院经审查认为调解协议符合确认条件的，应当作出确认决定书；决定不予确认调解协议效力的，应当作出不予确认决定书。人民法院依法作出确认决定后，一方当事人拒绝履行或者未全部履行的，对方当事人可以向作出确认决定的人民法院申请强制执行。因此，通过上述程序，调解文书也将获得司法上的强制力。

继承纠纷作为民事纠纷之一，诉讼是其最终的争议解决路径。值得说明的是，根据《仲裁法》之规定，继承纠纷不属于仲裁受理的范围。因此，当事人不得选择仲裁作为争议解决方式。

第三章　遗嘱继承和遗赠

第一千一百三十三条　自然人可以依照本法规定立遗嘱处分个人财产，并可以指定遗嘱执行人。

自然人可以立遗嘱将个人财产指定由法定继承人中的一人或者数人继承。

自然人可以立遗嘱将个人财产赠与国家、集体或者法定继承人以外的组织、个人。

自然人可以依法设立遗嘱信托。

【要义精解】

本条是关于遗嘱继承、遗赠的授权性规定，继承法保障自然人依据自身意愿自由处分遗产的权利，其既可以通过遗嘱的方式将财产指定给法定继承人中的一人或者数人继承，又可以在法定继承人以外，将遗产留给不具有法定继承关系的亲属，甚至可以在亲属范围以外，将遗产赠与国家、集体以及与自己无任何亲属关系的人。[1]

一、遗嘱

首先需要释明的是，遗嘱在不同的情形下可能会有不同的意义，在生活中，一切可能表明被继承人处分自身遗产意愿的材料都可能被认为是遗嘱，但却未必能够形成法律上的遗嘱。法律上的遗嘱是体现被继承人处分遗产的真实意愿的、具备法定必要形式的单方法律行为，是遗嘱继承和遗赠的依据。[2]本条第1款所规定的是遗嘱继承的情形，而第2款规定的为遗赠的情形，虽然无论是遗嘱继承还是遗赠，其所依据者均为遗嘱。

---

〔1〕 夏吟兰主编：《婚姻家庭继承法》，中国政法大学出版社2012年版，第257页。

〔2〕 蒋月主编：《婚姻家庭与继承法》（第三版），厦门大学出版社2014年版，第337页。

（一）遗嘱的法律特征

遗嘱具有以下法律特征。

1. 遗嘱是单方法律行为

遗嘱属于单方法律行为，属于无受领人的意思表示，这在法律适用上至少带来以下特殊性：首先，在遗嘱的解释上，应当采取意思主义立场，优先探求立遗嘱人真实意思，从具体的法条适用上看，遗嘱的解释应当遵循民法典总则编第142条第2款的规定："无相对人的意思表示的解释，不能完全拘泥于所使用的词句，而应当结合相关条款、行为的性质和目的、习惯以及诚信原则，确定行为人的真实意思。"在具体个案中，应当优先探求被继承人真实意思，并充分尊重被继承人可探知的真实意思，[1]典型的例子是：被继承人生前立下遗嘱，在其死后将自己所住的房屋卖出，按照当时价格，该房屋可卖出60万元，则给大儿子30万元，二儿子、三儿子各15万元。但等到被继承人去世时，该房屋价格已经飙升到240万元，被继承人却并未就该房屋另立遗嘱。此时若依文义解释，则被继承人仅通过遗嘱处分了240万购房款中的60万元，而对于立遗嘱后到被继承人死亡之时房价上涨的180万元并未提及，此时依据《民法典》第1154条的规定："有下列情形之一的，遗产中的有关部分按照法定继承办理：……遗嘱未处分的遗产。"但若依《民法典》第142条第2款探究立遗嘱人的真实意思，则其在房产变卖之后，将全部房款所得在三个儿子之间按比例分配的意思十分明确，因此基于对被继承人真实意思的解释，应当将240万元直接分配给大儿子一半（120万元），二儿子、三儿子各四分之一（60万元）。

其次，遗嘱为不需要相对人的意思表示，这意味着遗嘱的生效仅需要被继承人（立遗嘱人）的意思表示即为已足，唯须注意的是遗嘱的特殊生效时间，遗嘱并非一经作出即告生效，而是要等到继承开始时（被继承人死亡时）才发生效力。在被继承人订立遗嘱后，无论该遗嘱请求分给遗产的继承人或受遗赠人同意或是反对，均不影响遗嘱的效力，其虽然可以依据《民法典》第1124条的规定放弃继承，但那是在继承开始，遗嘱生效之后才被考量的问题；无论其他没有分得遗产的法定继承人是否同意，均不影响遗嘱或遗赠的效力。在通常的社会观念中，被继承人的近亲属——特别是配偶、子女基于紧密的亲属关系天然地对被继承人的遗产享有一定

---

[1] 房绍坤主编：《亲属与继承法》（第二版），科学出版社2015年版，第218页。

的权利，若被继承人通过遗嘱将全部遗产处分给外人，而丝毫不考虑自己近亲属的利益的话，可能会给人在观念上造成“损害了近亲属继承权益”的印象，也可能与公序良俗原则相悖——尤其是当近亲属对被继承人的遗产并非无欲无求时。事实上这样的行为也与《民法典》第1043条规定的“家庭应当树立优良家风，弘扬家庭美德，重视家庭文明建设”相悖。比较法上通常依靠所谓“特留份”制度维系最为基本的亲情伦理，即赋予被继承人一定范围内的近亲属以最低限度的遗产请求权，通常为法定继承份的一半或三分之一，被继承人订立遗嘱必须给法定的特留份权利人留够相应份额，否则遗嘱与特留份制度抵触的部分无效。我国继承法律制度中并未承认所谓特留份制度，而是基于公序良俗原则对遗嘱效力进行全有或全无式的判断，只要被继承人的遗嘱并未触犯公序良俗（具体情境例如将遗产赠与第三者），则其享有充分的处分自由，而无须考虑自己近亲属的利益以及扶养保障问题，仅当法定继承人中存在《民法典》第1141条规定的缺乏劳动能力又没有生活来源的继承人时，才涉及所谓“必留份”制度对遗嘱效力的控制问题。〔1〕例如，朱某发诉顾某妹、朱某珍等遗嘱继承纠纷案中，〔2〕被告在法庭上辩称丈夫生前立有遗嘱之事她从不知晓，也没见过遗嘱，故被告认为原告所持遗嘱无效。但法院并未采纳该意见，在判决中明确指出：“被继承人朱某根用代书遗嘱将属他所有的不动产遗产除依法应由被告顾某妹继承的外，其余归原告朱某发继承。遗嘱内容完全合法，且代书遗嘱有二个无利害关系的人在场见证，符合法律规定的形式要件，遗嘱应属有效。”这是对遗嘱性质的正确认识，遗嘱作为单方法律行为，无相对人的意思表示，其成立与生效不需要利害关系人同意，甚至不需要利害关系人知晓此事，仅凭被继承人一方意思表示，遗嘱就可以成立并在继承开始时生效。

此外，遗嘱可以由被继承人随意撤回，或者以实际行动表示撤回，通常不产生任何信赖利益赔偿问题。继承发生之前，继承人的继承权尚属继承期待权阶段，并不产生任何直接针对遗产的权利，“继承人对于自己终

〔1〕 蒋月主编：《婚姻家庭与继承法》（第三版），厦门大学出版社2014年版，第351页。

〔2〕 朱某发诉顾某妹、朱某珍等遗嘱继承纠纷案，上海市中级人民法院（1992）沪中民上字第1480号民事判决书。

局性地获得相应财产在原则上也不存在任何法律承认的信赖利益”,[1] 因为他应当知晓该遗嘱是随时可以撤回的，如果最后被继承人真的撤回遗嘱，则原本可以依据遗嘱请求分给遗产的人不能主张信赖利益赔偿。但是，若继承人（受遗赠人）基于最终通过遗嘱获得遗产的信赖而对被继承人进行了预先的给付，例如为了讨好被继承人而对被继承人进行了扶养，那么此时可以主张给付目的不达的不当得利返还，要求返还其为了获得遗产而进行的给付——但是其前提是被继承人与目的落空的继承人就相关给付的目的达成了合意（rechtsgrundabrede）。[2]

最后，继承人或受遗赠人是否在遗嘱订立时即知晓此事并表示同意，并不影响该行为的定性。即便是订立遗嘱时，继承人或受遗赠人在场，甚至在遗嘱上签字以表明自己接受遗产，也并不因此使得该法律行为变成一项“赠与”。区分遗嘱与赠与需要考察的根本要素在于当事人的真实意思究竟是在生前完成给付还是在死后完成给付,[3] 而非进行“赠与”的目的，即便其目的在于对自己的财产进行终局性的分配，例如分家，但如果其意图在生前完成该给付，则属于赠与而非遗嘱。

2. 遗嘱是处分行为

遗嘱属于终意处分行为，继承开始之后即发生遗产权属状态的变化，而非令被继承人负担某种财产给付的义务。

3. 遗嘱在被继承人死亡时生效

通常情形下，法律行为一经成立即发生效力，而遗嘱则并非如此，遗嘱自被继承人死亡时生效，在被继承人死亡之前，继承人不得依遗嘱请求被继承人给付财产，同时因为被继承人可以随时撤回或变更遗嘱，因此继承人不因遗嘱而享有任何直接针对相关财产的权利，也无法将遗嘱或自己有可能继承的财产份额进行预先的转让。只有在继承开始之后，遗嘱发生效力，存在多份遗嘱的，依相关规则确定生效遗嘱之后，才产生继承人直接针对遗产的权利，即继承既得权。

4. 遗嘱是要式法律行为

为了确定被继承人的真实意思，法律要求遗嘱具备一定的法定形式，

---

〔1〕 刘骏：《论侵害继承权》，载《北京航空航天大学学报（社会科学版）》2013 年第 3 期，第 50 页。

〔2〕 MüKoBGB/Schwab, 7. Aufl. 2017, BGB § 812 Rn. 449—451.

〔3〕 夏吟兰主编：《婚姻家庭继承法》，中国政法大学出版社 2012 年版，第 269 页。

《民法典》第1134条至第1139条规定了自书遗嘱、代书遗嘱、打印遗嘱、录音录像遗嘱、口头遗嘱以及公证遗嘱六种遗嘱的法定形式，其中对于遗嘱的书写人、见证人、时间的注明等各个方面均作出了详细的规定。遗嘱若不具备法律规定的形式则无效。需要注意的是，实践中对欠缺形式要件的遗嘱效力存在的争议，通常情形下，未满足法定形式要件的遗嘱无效，但特殊情形下，法院可能会认为法律对遗嘱作出法定形式的要求，其目的在于确认被继承人的真实意思，在被继承人的真实意思可以基于其他证据得以确定的情况下，即便遗嘱不满足法定形式要件，也可以被认为有效。[1] 此种观点是否恰当值得进一步反思。法律之所以要求遗嘱具备法定形式并非出于公共利益等外部控制性的因素，其原因就在于法律假定仅在满足法定形式的前提下，当事人的所谓"意思"才是真实的、可以确定的，如果遗嘱不具备法定形式，那么便不能将其确定为当事人的真实意思。此处试举一例：被继承人甲在妻子去世后，与其唯一的儿子关系并不和睦，但甲的儿媳十分孝顺，甲多次在公共场合表示要将全部遗产单独遗赠给儿媳，不给儿子留一分钱。对于甲的这个想法，甲的所有邻居、儿子的朋友、甲的其他亲戚都表示曾经耳闻。然而甲直至去世，也未曾立下真正意义上的遗嘱，此时是否能够认为当事人具备将遗产单独遗赠给儿媳的真实意思？或进一步假设，在甲死后，儿媳忽然拿出一份"遗嘱"，该遗嘱由儿媳自己代书，并由儿媳请来的一位律师共同见证，是否能够证明被继承人真实意思？此处则需要考虑《民法典》第1140条之规定："下列人员不能作为遗嘱见证人：……（二）继承人、受遗赠人……。"此时能否认定当事人的真实意思是将遗产留给儿媳？或再进一步假设，甲死后，儿媳忽然拿出一份遗嘱，该遗嘱由甲一笔一画亲自书写，却忘记在写完后签字并注明年、月、日，违反了《民法典》第1134条之规定："自书遗嘱由遗嘱人亲笔书写，签名，注明年、月、日。"此时能否认定当事人的真实意思是将遗产留给儿媳？如果儿子同时拿出一份遗嘱，该遗嘱的订立时间在儿媳出示的遗嘱之前，被继承人表明将全部遗产单独留给儿子继承，此

---

〔1〕 程某与程某甲、程某乙遗嘱继承纠纷案，四川省高级人民法院（2015）川民申字第425号民事裁定书；陈1与陈2、陈3等分家析产纠纷案，上海市高级人民法院（2016）沪民终33号民事判决书；戴某甲、殷某与戴某乙、戴某丙继承纠纷案，江苏省高级人民法院（2016）苏民申749号民事裁定书；焦某1、焦某2继承纠纷案，河北省高级人民法院（2018）冀民申6295号民事裁定书。

时两份遗嘱效力应当如何认定？在上述假定中，当事人的日常表达、无签名的自书文书、具有形式瑕疵的代书遗嘱，甚至内容相反的多份遗嘱都有可能影响法官对被继承人真实意思的判断。然而事件背后，被继承人甲究竟是不忍真正剥夺儿子的继承权，还是真的决心与儿子决裂而感激儿媳的照顾，实际上这些事件背后的真实动机已经超出了法官能够探明、应当探明的范畴，而法定形式的意义就在于此：它截断了庭审中法官查明事实的义务或者责任——法官无须，也不应去探究遗嘱没有满足法定形式的原因，无论此种形式瑕疵是由被继承人故意而为或不小心导致，均不影响法律上对其作出的评价，即遗嘱无效。至于当事人因为对法律的无知而导致的不利后果，例如不知遗嘱需要具备法定形式方可生效，向来不在实体法考量的范畴之内——法律无法再在自身规则之外，对“不知法律本身”的人提供另一套规则救济。任何人不得以不知法律进行抗辩，也是法律面前人人平等的要求。因此，法院在对遗嘱的法定形式要件进行克减时，应当慎之又慎，其中例如见证人数量、见证人回避，甚至遗嘱的呈现形式（例如通过电子邮件立遗嘱）均属于不可克减的要件，唯在时间的注明问题上，若有瑕疵，或可作出不同的认定。

5. 遗嘱具有高度自决性

所谓遗嘱的高度自决性，指的是“遗嘱必须由本人亲自作出，任何人不得代理”,[1] 对于被继承人要将遗产留给谁，留多少，如何在遗产的接收者（继承人与受遗赠人）之间分配，都只能由被继承人本人亲自决定。这意味着，一旦被继承人陷入无民事行为能力或者限制民事行为能力的境地，若其在陷入该状态前未订立遗嘱，则其遗产仅可能通过法定继承规则进行分配，其监护人无权代理自己监护的被继承人订立遗嘱，若存在此种情形，则该遗嘱无效。

（二）遗嘱的内容

遗嘱可能涉及多方面的内容，其中最为主要的便是指定继承人、受遗赠人，并且明确每个人能够分得的遗产份额，被继承人既可以通过遗嘱将特定的遗产指定给某个特定的人，也可以通过遗嘱剥夺某人的继承权。[2]

遗嘱可能不仅涉及被继承人对自身遗产的一次性安排，被继承人还可

---

〔1〕 夏吟兰主编：《婚姻家庭继承法》，中国政法大学出版社 2012 年版，第 260 页。

〔2〕 蒋月主编：《婚姻家庭与继承法》（第三版），厦门大学出版社 2014 年版，第 338 页。

以通过为遗嘱设定条件、义务，以保障自身的意志在死后依旧在遗产上得以延续，或保障特定主体在被继承人死后依旧可以凭借遗产获得扶养。根据《民法典》第1144条之规定：“遗嘱继承或者遗赠附有义务的，继承人或者受遗赠人应当履行义务。没有正当理由不履行义务的，经利害关系人或者有关组织请求，人民法院可以取消其接受附义务部分遗产的权利。”值得注意的便是《民法典》关于居住权的规定。民法典物权编第十四章第371条规定：“以遗嘱方式设立居住权的，参照适用本章的有关规定。”该条确立了居住权可以由遗嘱设立的规则。而一旦被继承人通过有效的遗嘱为他人设立了居住权，则居住权人可以对其的住宅享有占有、使用的用益物权，以满足生活居住的需要。

对于遗嘱是否能够附条件的问题，学界存在争议，[1] 但实践中已经不乏承认附条件遗嘱效力的实例。附条件遗嘱直接关涉的核心问题是被继承人能否通过遗嘱指定后位继承人。我国实在法中，无论是1985年的《继承法》《继承法意见》还是2020年颁布的《民法典》，均未对附条件遗嘱及后位继承问题作出直接的规定。但是我国属于世界上遗嘱最自由的国家之一，并无实质理由否定附条件遗嘱的效力。至于附条件遗嘱或后位继承可能造成所有权权属不明的问题，本文认为遗嘱附条件和所有权制度并不冲突，被继承人通过遗嘱将自身意志借助财产延伸到自己死后，对于此种意志的延伸，法律是持尊重态度的，上文提及的附义务遗嘱就是最好的例证。如果认为附条件遗嘱会导致侵害前位继承人的所有权，[2] 因为前位继承人可能在条件成就后失去所有权，那么同样的问题也会在附义务遗嘱的情形下出现——只不过不是基于被继承人自己设定的条件，而是由法院审查继承人是否履行了遗嘱所附的义务，在无正当理由不履行的情况下由法院剥夺其继承权。事实上在司法实践中，对于一个遗嘱究竟是附条件还是附义务的遗嘱，也时常发生混淆。这充分说明了二者界限的模糊。例如被继承人在遗嘱中规定，继承人必须继续经营祖传铺面，如果继承人不再继续经营，则由被继承人自己的兄弟继承祖传铺面。这一设定，究竟是附条件，还是附义务？一方面，该设定体现为继承人的履行义务，即继续经营的义务；另一方面，被继承人还直接指定了在继承人不履行义务的情形下

---

〔1〕 蒋月主编：《婚姻家庭与继承法》（第三版），厦门大学出版社2014年版，第339页。

〔2〕 蒋月主编：《婚姻家庭与继承法》（第三版），厦门大学出版社2014年版，第339页。

的后位继承人，这一指定是否有效？区分附义务与附条件遗嘱的标准可能在于，附义务遗嘱所附义务，是继承人需要履行的义务，其义务人是继承人，而附条件遗嘱则可能将条件系于完全客观的事实，例如其他近亲属的死亡等。但这样一些区分在现实中缺乏实益，因为二者终究表现为当一定事实发生时——或者是继承人不履行义务，或者是条件成就，遗嘱所涉及遗产的权属变化。附条件遗嘱及后位继承可能造成的所有权状态不稳定以及所有权行使限制问题，在附义务遗嘱的情形下同样存在。既然法律承认被继承人的意志可以通过附义务遗嘱的形式延伸到被继承人死后，那么也无实质理由否定被继承人为遗嘱附条件的权利。[1]当下理论及实务面临的迫切问题，不是如何对此种制度加以否定，事实上面对实践中确实出现的附条件遗嘱，否定其效力也是很难真正做到的，当下的迫切问题应当是如何完善后位继承人权利的保护，以及如何平衡先后位继承人之间的利益问题。

被继承人还可以通过遗嘱指定遗嘱执行人。继承开始时被继承人已经死亡，因此可能需要一名遗嘱执行人来确保遗嘱的执行。遗嘱执行人的范围不受局限，既可以是被继承人的法定继承人，也可以是法定继承人范围以外的人，遗嘱执行人不一定是自然人，也可以是被继承人的单位、居委会、村委会等组织。根据《民法典》第 1145 条之规定："继承开始后，遗嘱执行人为遗产管理人；没有遗嘱执行人的，继承人应当及时推选遗产管理人；继承人未推选的，由继承人共同担任遗产管理人；没有继承人或者继承人均放弃继承的，由被继承人生前住所地的民政部门或者村民委员会担任遗产管理人。"

二、遗嘱继承

基于遗嘱可能产生遗嘱继承与遗赠两种遗产获得方式。本条第 2 款对遗嘱继承作出了规定，第 3 款对遗赠作出了规定。所谓遗嘱继承，是指继承开始之后，遗嘱继承人按照合法有效的遗嘱获得被继承人遗产的继承方式，其特点在于基于遗嘱获得遗产的人必须在被继承人的法定继承人范围内。[2]

遗嘱继承具有下列特征。

其一，遗嘱继承的适用以有效合法遗嘱的存在为前提。

遗嘱继承的依据在于合法有效的遗嘱，因此在适用遗嘱继承时，首

---

〔1〕 夏晨莉：《论附条件遗嘱的法律效力》，载《厦门广播电视大学学报》2017 年第 2 期，第 51 页。
〔2〕 房绍坤主编：《亲属与继承法》（第二版），科学出版社 2015 年版，第 218 页。

先涉及的便是对遗嘱效力的审查，对遗嘱效力的审查可能涉及多个方面的问题，例如，《民法典》第 1143 条对无效遗嘱的直接规定："无民事行为能力人或者限制民事行为能力人所立的遗嘱无效。遗嘱必须表示遗嘱人的真实意思，受欺诈、胁迫所立的遗嘱无效。伪造的遗嘱无效。遗嘱被篡改的，篡改的内容无效。"又如，《民法典》第 1134 条至第 1139 条关于遗嘱法定形式的规定；此外，如果被继承人的法定继承人中存在缺乏劳动能力又没有生活来源的继承人，那么遗嘱应当为该继承人保留必要的财产份额，即所谓的必留份，若遗嘱未保留必留份，则与必留份制度抵触的部分无效；[1] 最后，不容忽视的是总则编第 153 条的规定："违反法律、行政法规的强制性规定的民事法律行为无效。但是，该强制性规定不导致该民事法律行为无效的除外。违背公序良俗的民事法律行为无效。"尽管第 1143 条对遗嘱无效的情形作出了列举式的规定，但其针对的都是遗嘱涉及的特殊无效事由，从法条目的上看，该条并不排斥总则规则对遗嘱无效情形的补充，特别是对于遗嘱违反法律强制性规定以及违反公序良俗的情形。否则便会得出令人费解的结论：遗嘱永远不可能违背公序良俗或遗嘱可以随意违反公序良俗——无论哪一种结论都是不可接受的，因此，不能将"明示列举等于排除其他"的法律解释规则机械适用于第 1143 条，而应当在整个民法典的体系协调中寻求答案。

其二，遗嘱继承体现被继承人意志，优先于法定继承。

遗嘱继承体现被继承人的自由意志，被继承人不仅能够在生前处分其财产，还能够通过遗嘱决定自己死后遗产的去向，[2] 甚至可以通过附条件、附义务遗嘱，设定居住权等方式对自己死后继承人或受遗赠人对遗产的使用、处分进行限制，以保障自己的意志在遗产上得到延续。《民法典》第 1123 条规定："继承开始后，按照法定继承办理；有遗嘱的，按照遗嘱继承或者遗赠办理；有遗赠扶养协议的，按照协议办理。"法律保障被继承人的遗嘱自由，当存在合法有效的遗嘱时，遗嘱的效力优先于法定继承。

其三，遗嘱、遗赠与遗赠扶养协议的关系。

1985 年《继承法》第 5 条以"继承方式"为名，规定："继承开始

---

[1] 杨启蒙：《论特留份制度与遗嘱自由的限制》，载《东南大学学报（哲学社会科学版）》2016 年第 S1 期，第 118 页。

[2] 蒋月主编：《婚姻家庭与继承法》（第三版），厦门大学出版社 2014 年版，第 357 页。

后，按照法定继承办理；有遗嘱的，按照遗嘱继承或者遗赠办理；有遗赠扶养协议的，按照协议办理。”由此学界通常将法定继承与遗嘱继承理解为继承关系，而将遗赠与遗赠扶养协议理解为由继承法调整的遗产获得方式。这一规定被《民法典》第1123条继承下来。但实际上遗赠扶养协议属于双务合同的一种，与基于遗嘱产生的遗嘱继承、遗赠存在本质不同，[1]《民法典》第1158条规定：“自然人可以与继承人以外的组织或者个人签订遗赠扶养协议。按照协议，该组织或者个人承担该自然人生养死葬的义务，享有受遗赠的权利。”在遗赠扶养协议中，双方的主给付义务为：扶养人有义务承担被扶养人的生养死葬；而被扶养人的主给付义务则为订立遗嘱（遗赠）。该双务合同中，被扶养人的给付并非在其死后才进行，而是在订立合同的时候该遗赠便已经订立，合同的主给付义务实际上已经得到了履行，只不过通过遗赠扶养协议订立的遗赠为附条件的遗赠，仅当扶养人履行了遗赠扶养协议规定的义务时，条件成就，遗赠才发生效力，若扶养人不履行遗赠扶养协议规定的主要义务，则遗赠不发生效力，遗产按照法定继承处理。[2]因此，在被继承人死亡，继承开始时，遗赠扶养协议的关系其实已经转化为对于附条件遗赠效力的检验问题。也正因如此，《民法典》第1123条规定的“有遗赠扶养协议的，按照协议办理”才有特殊的意义——这一条款解决的是基于遗赠扶养协议的遗赠在受偿顺序上的优先级问题。

三、遗赠

遗赠是自然人通过遗嘱将自身财产在其死后转让给国家、集体或者法定继承人以外的人的法律行为。其中设立遗嘱的人是遗赠人，接受遗产的人为受遗赠人。遗嘱继承与遗赠都是基于遗嘱，区分二者的关键在于接受遗产的人范围不同，如果接受遗产的人属于法定继承人范围以内的人，那么属于遗嘱继承，属于本条第2款规制的范围；如果接受遗产的人属于法定继承人范围以外的人，那么属于遗赠，受本条第3款规制。

在法律规则的适用上，遗嘱继承与遗赠的最主要区别在于对遗产的接受与放弃规则上的差异。根据《民法典》第1124条的规定：“继承开始后，继承人放弃继承的，应当在遗产处理前，以书面形式作出放弃继

---

〔1〕 夏吟兰主编：《婚姻家庭继承法》，中国政法大学出版社2012年版，第271页。

〔2〕 陈苇主编：《婚姻家庭继承法学》（第二版），群众出版社2012年版，第376页。

承的表示；没有表示的，视为接受继承。受遗赠人应当在知道受遗赠后六十日内，作出接受或者放弃受遗赠的表示；到期没有表示的，视为放弃受遗赠。”由此可见，遗嘱继承与遗赠在接受继承或遗赠的拟制规则上正好相反，在遗嘱继承的情形中，若继承人不作任何意思表示，则视为接受，而在遗赠的情形中，受遗赠人必须在知晓受遗赠后六十日内及时表示接受遗赠，一旦错过期限，则被视为放弃受遗赠。立法者在此处使用了“视为”的表述，表明该规则为拟制规则，因此，不可以用其他证据推翻。

对于遗赠的性质，学界存在物权说与债权说的争议。[1]所谓物权效力与债权效力之争，指的是受遗赠人究竟是基于遗赠直接获得遗嘱所涉及的遗产的物权，还是仅获得一个针对遗产继承人的债权性质的请求权，要由其他的遗产继承人进行给付（执行遗嘱）。2007 年颁布的《物权法》第 29 条规定：“因继承或者受遗赠取得物权的，自继承或者受遗赠开始时发生效力。”此条通常被认为是确立遗赠的物权效力的法律依据。而 2020 年颁布的民法典物权编第 230 条则规定：“因继承取得物权的，自继承开始时发生效力。”立法者在此处特意删除了“受遗赠”的情形。这可能被视为遗赠性质由物权说向债权说转变的信号。本文依旧支持物权说，其最核心的理由是，《民法典》所谓“继承”显然是最为广义的继承，正如民法典继承编第 1119 条规定的那样：“本编调整因继承产生的民事关系。”如果认为物权编第 230 条使用“继承”的字样是将遗赠排斥在了物权效力之外，那么同样的逻辑，依据《民法典》第 1119 条的规定，遗赠也就被这一条排斥在了继承编调整的范围之外，这显然是不合现实的。正如本文在第 1119 条评注中所持观点，遗赠虽非继承，但亦属于“因继承”产生的法律关系，此种法律关系一方面可以由继承编调整；另一方面在物权编第 230 条的语境下，所谓“因继承”取得物权的，同样包含基于遗赠取得物权，在《民法典》中“因继承”这一表述方式，所指为最广义上因为发生了某自然人死亡，其遗产需要进行分配而产生的法律关系，而并非传统意义上遗产在具有特定亲属关系的人之间的代际传承。因此，物权编第 230 条的措辞变化，并不能一锤定音地决定遗赠性质的变化，因为若强行聚焦在法条文义表达上的区分，那么必然导致继承编第 1119 条之下的体系矛盾。

---

〔1〕 庄加园：《试论遗赠的债物两分效力》，载《法学家》2015 年第 5 期，第 138 页。

关于受遗赠人与遗产债权人的关系，受遗赠人原则上无须偿还遗产债务，在继承的遗产份额内偿还遗产债务是继承人的责任。以此为准，比较法上存在所谓“概括遗赠”与“特定遗赠”的区分，概括遗赠指的是遗赠人将自己的财产权利与义务一并遗赠给受遗赠人，而特定遗赠则指遗赠人仅将财产上的积极利益遗赠给受遗赠人，后者不承担财产义务的遗赠方式。我国的主流意见承认特定遗赠。[1] 需要注意的是，根据《民法典》第1162条的规定，特定条件下受遗赠人依旧需要在接受遗赠的财产价值的范畴内偿还遗赠人所欠的税款、债务：“执行遗赠不得妨碍清偿遗赠人依法应当缴纳的税款和债务。”

最后，因为遗赠与遗嘱继承均基于合法有效的遗嘱，因此法律关于遗嘱的规定同样适用于遗赠，例如，作为单方法律行为的订立者，遗赠人应当具备相应的民事行为能力，而基于第1143条第1款的规定，遗赠人必须具备完全民事行为能力：“无民事行为能力人或者限制民事行为能力人所立的遗嘱无效。”遗赠同样需要遵循必留份的规定，为缺乏劳动能力又没有生活来源的继承人保留必要的遗产份额。遗赠必须符合法律对于遗嘱作出的形式要件要求，否则可能陷入形式无效的境地。《民法典》第1125条第3款规定：“受遗赠人有本条第一款规定行为的，丧失受遗赠权。”这意味着，如果受遗赠人故意杀害被继承人；为争夺遗产而杀害其他继承人；遗弃被继承人，或者虐待被继承人情节严重；伪造、篡改、隐匿或者销毁遗嘱，情节严重；以欺诈、胁迫手段迫使或者妨碍被继承人设立、变更或者撤回遗嘱，情节严重的话，便会丧失受遗赠权。

【对照适用】

该条规定源于原《继承法》第16条，第16条有三款规定，其规则分别被本条前三款基本延续。在措辞上，本条将原第16条的“公民”改为“自然人”，将原第16条第3款的“赠给”改为“赠与”。在第3款中，本条将受遗赠人的范围由“法定继承人以外的人”改为“法定继承人以外的组织、个人”。本条增设了第4款关于遗嘱信托的规定。

---

〔1〕 蒋月主编：《婚姻家庭与继承法》（第三版），厦门大学出版社2014年版，第366页。

第一千一百三十四条　自书遗嘱由遗嘱人亲笔书写，签名，注明年、月、日。

【要义精解】

自书遗嘱是由立遗嘱人亲笔书写的遗嘱，其优点在于程序简便，无须见证人，在实践中得到了广泛的应用。自书遗嘱应当符合以下条件。

一、自书遗嘱必须由立遗嘱人亲自书写

要求自书遗嘱由本人亲自书写，是为了确定立遗嘱人的真实意思，[1]只有立遗嘱人从头到尾自己书写遗嘱，才能达到充分证明其真实意思的程度，也正因如此，自书遗嘱对其他要件的要求较低，仅要求当事人签字并且注明年、月、日即可。对比代书遗嘱，《民法典》第1135条规定："代书遗嘱应当有两个以上见证人在场见证，由其中一人代书，并由遗嘱人、代书人和其他见证人签名，注明年、月、日。"如果遗嘱并非本人亲自书写，而仅为遗嘱人口述，即便其在最后签字，也不满足自书遗嘱的形式要件。在李某健、李某琦与李某蔚等人继承纠纷抗诉案[2]中，一审法院指出：李某蔚出具的李某行的第一份"遗嘱"，既没有见证人在场（李某行口述遗嘱内容的现场），也没有代书人打印员的签名，不符合代书遗嘱的形式要件；关于该"遗嘱"能否认定为自书遗嘱，本院认为，自书遗嘱应由遗嘱人亲笔书写，而李某蔚提供的该份遗嘱显然不符合法律规定。李某蔚坚持认为该遗嘱事后得到李某行的签字确认，应该视为符合法律要求。从本案查明事实看，除李某蔚本人口述外，无其他证据证明该"遗嘱"系李某行亲自口述，即使有杨某莉、段某见证该"遗嘱"由李某行事后签字确认，也难以认定该"遗嘱"为其真实意思表示，故认定该份遗嘱无效。但该意见在二审时被推翻：李某行于2010年2月21日所立的遗嘱，虽非李某行亲笔书写，但鉴于立该份遗嘱时李某行已年逾90岁，亲自书写有一定困难，打印后由其本人签名并按手印是现代社会自书惯用方式，该遗嘱应视为李某行的自书遗嘱。且李某行对该遗嘱

---

〔1〕陈苇主编：《婚姻家庭继承法学》（第二版），群众出版社2012年版，第362页。

〔2〕李某健、李某琦与李某蔚等人继承纠纷抗诉案，重庆市高级人民法院（2015）渝高法民抗字第00004号民事判决书。

的签字确认过程经两名律师见证，证明该遗嘱是李某行的真实意思表示。二审法院直接诉诸当事人的真实意思，结合遗嘱人面临的客观困难、旁人的见证、社会习惯等，认为能够确定遗嘱人的真实意思。但这种观点忽略了法定遗嘱形式要件的根本意义所在——遗嘱人的真意恰恰是要通过其对法定形式的遵守来体现的，如果当事人没有遵守法定形式，则无法确定其真实意思，该案中的遗嘱介于自书遗嘱与代书遗嘱之间，却又不符合任意一种法定形式的构成要件，实际上无从确定当事人真实意思。正如再审法院在判决中所述的，该遗嘱并非李某行亲笔书写，不符合法律规定的自书遗嘱的有效形式。加之两律师并未亲眼见证遗嘱的形成过程，仅见证了李某行在遗嘱上签名，而当时李某行已年逾 90 岁，距其辞世仅一年且久在病中，其神智是否清楚、打印的遗书是否其真实意思表示，李某蔚均未提供证据证明。并且，如果李某行亲笔书写遗嘱确有一定困难，法律另规定有公证遗嘱、代书遗嘱和录音遗嘱等方式来解决。但该“遗嘱”均不具备上述遗嘱的法律规定的有效形式，当属无效遗嘱。

只有立遗嘱人正式作出的对于自己死后财产的安排才能够被认定为自书遗嘱。遗书要被作为有效的自书遗嘱对待，不仅需要全文由被继承人自己亲笔书写，还需要符合“本人签名并注明年、月、日”的条件，并且没有相反的证据，才可能被视为自书遗嘱。由此观之，哪怕当事人的遗书具备“本人签名并注明年、月、日”，若存在相反的证据证明当事人其实并非意图通过遗书作出遗产处分，则不能将遗书视为遗嘱。除此之外，如果被继承人仅仅是在私人日记之中，或者私人信函之中提及自己未来的遗产处分打算，那么就算日记或信函确由被继承人亲笔书写，也不能被认定为自书遗嘱。

二、立遗嘱人亲笔签名

对于自书遗嘱而言，立遗嘱人须亲笔签名，以确认其法律拘束意思，如果没有亲笔签名，则当事人之真实意思无法确认。如果遗嘱制作（书写）完毕，当事人并未签名，此时意味着当事人还在对是否应当令该遗嘱在未来发生效力持犹豫态度，并未最终确认。当事人签名，是对遗嘱严肃性的肯认，是遗嘱必不可少的部分。

三、年、月、日

注明年、月、日的最主要意义在于确认遗嘱的成立时间。但有意见认为，遗嘱的成立以当事人签字时间为准。[1]此种观点值得赞同，因为无论是哪种遗嘱形式，在遗嘱上注明时间，其功能就在于确定遗嘱的成立时间，从而在存在多份内容效力相互冲突的遗嘱时，推定被继承人的真实意思。如果自书遗嘱制作在前，但是立遗嘱人一直未在其上签字，直到一段时间之后才下定决心，而在此期间，立遗嘱人又通过代书遗嘱作出了与该自书遗嘱相互冲突的安排，那么这两份遗嘱究竟哪份成立在后从而具备优先效力？若从遗嘱上注明的时间来看，自书遗嘱的成立时间在代书遗嘱之前，此时代书遗嘱具备优先效力。但是基于遗嘱的特殊性，在对遗嘱进行解释时，应当以被继承人的真实意思为第一考量因素。在上述情形中，被继承人就自书遗嘱的内容作出正式的具备法律拘束意思的决定的时间是在其签字之时，此时被继承人已经立下了与该自书遗嘱内容冲突的代书遗嘱，被继承人在此情形下依旧在自书遗嘱上签字，是希望自书遗嘱能够最终发生效力。因此，代书遗嘱成立时间在后，依据《民法典》第 1142 条之规定："遗嘱人可以撤回、变更自己所立的遗嘱。立遗嘱后，遗嘱人实施与遗嘱内容相反的民事法律行为的，视为对遗嘱相关内容的撤回。立有数份遗嘱，内容相抵触的，以最后的遗嘱为准。"

对于时间未注明，或年、月、日注明不全的情形，学界存在两种观点。一种观点认为年、月、日标注不全的，则遗嘱无效。这是实践中的主流观点。例如王某与张某 5 等继承纠纷案[2]中，法院明确指出：自书遗嘱应由遗嘱人亲笔书写、签名，注明年、月、日，上述遗嘱没有书写具体日期，不符合法律规定的自书遗嘱形式要件。一审法院对上述遗嘱的真实性不予认定，并无不当。又如李某 1、李某 2 法定继承纠纷案[3]中，日期有修改的痕迹也会导致遗嘱被认定为无效：自书遗嘱应符合法律规定的形式要件，2015 年 8 月 23 日的自书遗嘱落款日期有更改，且字迹内容难以辨认，原审法院未予采纳并无不当。

而另一种观点认为，年、月、日标注不全的，如果在遗嘱其他部分能够找到证据确认该遗嘱的年、月、日，则应当综合加以认定该遗嘱的有效性。法律要求遗嘱注明年、月、日，其主要功能在于判断遗嘱成立时间，

---

〔1〕蒋月主编：《婚姻家庭与继承法》（第三版），厦门大学出版社 2014 年版，第 342 页。

〔2〕王某与张某 5 等继承纠纷案，北京市高级人民法院（2020）京民申 1085 号民事裁定书。

〔3〕李某 1、李某 2 法定继承纠纷案，河北省高级人民法院（2019）冀民申 4940 号民事裁定书。

从而在存在多份内容相互冲突的遗嘱时，确立哪份遗嘱应当生效。如果一份遗嘱具备法律要求的其他形式要件，例如由被继承人亲自书写、签字，却没有注明年、月、日，或年、月、日标注不全，那么此时主张该遗嘱成立在后从而具备优先效力的当事人需要承担无法证明遗嘱成立时间的不利后果，即其不能主张该遗嘱具有优先效力。但是在仅有一份遗嘱的情况下，仅年、月、日欠缺或标注不全，并不足以动摇遗嘱的法律效力。[1]

本文认为主流意见值得赞同。遗嘱形式要件的作用和意义就在于确定遗嘱人真实意思，在遗嘱形式规定的逻辑中，不存在“虽然不满足法定形式要件，但依旧能够确定遗嘱人真实意思”的情形。不满足法定形式要件，就意味着该瑕疵遗嘱的内容并非遗嘱人的真实意思。况且法律规定的形式要件并不复杂，注明年、月、日的要求也不会给遗嘱人订立遗嘱造成不必要的负担和障碍。除此之外，受证据限制，如果没有确定的生效遗嘱，要求法官在审判中依据遗嘱之外的各类情况综合判定遗嘱人真实意思，实在超出了法官的能力范围。法定形式要件本身就是为了清晰地、明确地将当事人的遗嘱意思与日常的意愿表达相区分，即便遗嘱人在平日里经常随口表达自己的“遗愿”，但只要他没有以法定的遗嘱形式将此种遗愿固化下来，那么就不能将其理解为遗嘱，因为当事人随口表达的背后考量可能是复杂的，也是法官无法查知的。

【对照适用】

该条规定源于原《继承法》第17条第2款，与原条文内容一致，没有修改。

第一千一百三十五条　代书遗嘱应当有两个以上见证人在场见证，由其中一人代书，并由遗嘱人、代书人和其他见证人签名，注明年、月、日。

【要义精解】

本条是关于遗嘱法定形式之一，代书遗嘱形式要求的规定。代书遗嘱不满足本条规定的形式要件的，原则上无效。

---

〔1〕 蒋月主编：《婚姻家庭与继承法》（第三版），厦门大学出版社2014年版，第342页。

所谓代书遗嘱，是由立遗嘱人口述，代书人进行书写制作而成的遗嘱。代书遗嘱的情形下，遗嘱并非由立遗嘱人亲笔书写，因此与自书遗嘱相比，其真实性以及立遗嘱人的法律拘束意思都更难以确定，[1]因此，法律规定了较自书遗嘱而言更为严格的形式要件。

一、代书人与见证人

代书遗嘱应当有两个以上的见证人在场见证，由其中一人代书。根据本句规定，代书人的数量为一名，见证人数量为两名，其中一名见证人同时兼任代书人。这意味着，代书人具有双重身份：他（她）既是遗嘱的书写制作者，又是遗嘱的见证人。因此，代书人也要受到《民法典》第1140条的限制："下列人员不能作为遗嘱见证人：（一）无民事行为能力人、限制民事行为能力人以及其他不具有见证能力的人；（二）继承人、受遗赠人；（三）与继承人、受遗赠人有利害关系的人。"依法不得作为见证人的，自然也不能作为代书人制作遗嘱。代书并非代理行为，代书人并非代理遗嘱人订立遗嘱，而是如实记录遗嘱人口述的遗嘱内容，未经遗嘱人同意，不得擅自变更、修改遗嘱人口述的遗嘱内容。在代书人代书完毕之后，应当向遗嘱人宣读其所书写记录的遗嘱内容，由遗嘱人确认无误后签字。

见证人应当对代书遗嘱订立的整个过程进行见证。法律对见证人作出数量的要求，是为了保障见证人能够客观、公正地见证遗嘱内容，为了保障代书人能够如实记录立遗嘱人的真实意思，因此，见证人数量多于法定数量（两名）的，不影响遗嘱的效力。

在存在多名见证人时，有可能出现有的见证人不适格（为利害关系人或无见证能力）或者未签名、签名有瑕疵等情形，在这种情况下，只要有两名适格的见证人予以见证，并且依照法律要求签名且写明年、月、日即可，其他不适格的见证人不影响遗嘱的效力。正如法院在杜某等与苏某4等继承纠纷案[2]中所指出的：代书遗嘱有两个无利害关系人在场见证即可满足形式要求，本案遗嘱中有多位见证人签字，经一审询问，确认其中至少有两位见证人在场见证且与苏某5并无利害关系，故本院对于苏某3、

---

[1] 房绍坤主编：《亲属与继承法》（第二版），科学出版社2015年版，第224页。

[2] 杜某等与苏某4等继承纠纷案，北京市第一中级人民法院（2020）京01民终3139号民事判决书。

苏某1、杜某关于遗嘱无效的上诉意见不予支持。

二、在场见证

见证人必须亲自到场对代书遗嘱进行见证，见证行为不得代理，不得委托他人，若委托了他人，则见证无效。这一方面是法律明文的要求——代书遗嘱应当有两个以上的见证人“在场”见证；另一方面也是为了避免不符合法律规定的见证人身份的人通过委托他人进行见证从而规避《民法典》第1140条的限制。

三、遗嘱人、代书人和其他见证人签名

代书遗嘱不仅要求遗嘱人亲笔签名，还需要代书人及其他见证人签名。如果遗嘱人、代书人未签字，则遗嘱无效。在遗嘱人、代书人以外，还需要至少一名见证人在遗嘱上签字，方可满足本条对代书遗嘱形式的要求。代书人、见证人的签字不能以指印、手印代替，但就代书遗嘱中的遗嘱人而言，可能存在特殊情况，即立遗嘱人之所以选择代书遗嘱的形式，可能恰恰是因为自身书写能力欠缺（因病无法执笔、不识字等），因此在代书遗嘱的情况下，允许遗嘱人以指印代替签名。[1]见证人必须在遗嘱上亲笔签名，不可由他人代签，例如屠某某诉屠某华等继承案[2]中，法院便正确指出：屠某华、屠某强提交的系代书遗嘱，应符合法定的形式要件，方能有效。在屠某华、屠某强提交的代书遗嘱中，见证人屠英某、屠美某为继承人，遗嘱人签名系由吴某某代签，其与屠某华、屠某强系亲属，故屠某华、屠某强提交的遗嘱不符合法定要件，没有法律效力。

四、注明年、月、日

代书遗嘱制作完毕后，应当注明年、月、日。

五、见证人责任

在律师事务所提供的“代为见证遗嘱”非诉讼服务中，如果律师事务所提供的见证服务存在瑕疵，导致代书遗嘱无效，那么律师事务所需要赔偿因其过失给相关当事人造成的损失。在王某富诉三信律师所财产损害赔偿纠纷案[3]中，原告王某富之父王某智与被告律师事务所签订了《非诉

---

〔1〕 蒋月主编：《婚姻家庭与继承法》（第三版），厦门大学出版社2014年版，第343页。

〔2〕 屠某某诉屠某华等继承案，北京市第二中级人民法院（2008）二中少民终字第4864号民事判决书。

〔3〕 王某富诉三信律师所财产损害赔偿纠纷案，北京市第二中级人民法院民事判决书，载《最高人民法院公报》2005年第10期。

讼委托代理协议》书一份，约定该律师事务所接受王某智的委托，指派律师作为王某智的代理人，代理事项及权限为代为见证，并约定律师代理费用为6000元。该律师事务所提供见证的方式是出具一份《见证书》，附王某智的遗嘱和律师事务所的见证各一份。然而在其后的诉讼中，法院认定该遗嘱虽有本人、律师签字且加盖了律师事务所单位印章，但该遗嘱的形式与继承法律规定的自书、代书遗嘱必备条件不符，确认该遗嘱不符合遗嘱继承法定形式要件，判决遗产按法定继承处理。王某富因此提起本案诉讼，要求律师事务所赔偿经济损失，而经过核实，王某富依据法定继承规则可获得的遗产比依据遗嘱可获得的遗产价值少11万余元。

在该案中，一审法院指出：律师与普通公民都有权利作为代书遗嘱的见证人，但与普通公民相比，由律师作为见证人，律师就能以自己掌握的法律知识为立遗嘱人服务，使所立遗嘱符合法律要求，这正是立遗嘱人付出对价委托律师作为见证人的愿望所在……（律师事务所）明知王某智这一委托目的，应当指派两名以上的律师作为王某智立遗嘱时的见证人，或者向王某智告知仍须他人作为见证人，其所立遗嘱方能生效。基于这一理由，一审法院判决律师事务所赔偿原告因遗嘱无效而损失的11万余元。二审法院肯定了一审法院的观点，并作出了补充论述：王某智立遗嘱行为的本意，是要将遗嘱中所指的财产交由被上诉人王某富继承。由于上诉人（律师事务所）接受王某智的委托后，在"代为见证"王某智立遗嘱的过程中，没有给王某智提供完善的法律服务，以致王某智所立的遗嘱被人民法院生效判决确认为无效，王某智的遗愿不能实现……王某富现在不能按遗嘱来继承王某智遗产的根本原因，是三信律师事务所没有给王某智提供完善的法律服务，以致王某智立下了无效遗嘱。三信律师事务所履行自己职责中的过错，侵害了王某富依遗嘱继承王某智遗产的权利，由此给王某富造成损失，应当承担赔偿责任。

【对照适用】

该条规定源于原《继承法》第17条第3款，大体上与原条文保持一致，但在细节上有细微差别。在顺序上，本条将原第17条第3款的"并由代书人、其他见证人和遗嘱人签名"调整为"并由遗嘱人、代书人和其他见证人签名"，将"注明年、月、日"，置于条文末端。

第一千一百三十六条　打印遗嘱应当有两个以上见证人在场见证。遗嘱人和见证人应当在遗嘱每一页签名，注明年、月、日。

【要义精解】

本条是关于遗嘱法定形式之一，打印遗嘱形式要求的规定。打印遗嘱不满足本条规定的形式要件的，原则上无效。

打印遗嘱是《民法典》修订过程中新增的一种遗嘱形式，1985 年《继承法》第 17 条规定了公证遗嘱、自书遗嘱、代书遗嘱、录音遗嘱以及口头遗嘱五种遗嘱形式。但是随着电脑的普遍应用，打印遗嘱具有制作简便、字迹清晰容易辨认的优点，[1]实践中开始出现被继承人试图通过打印形式订立“遗嘱”以安排自己死后财产去向的情况。对于打印遗嘱的效力，理论与实践中存在诸多争议，但在《民法典》颁布前，实践中已经不乏承认打印遗嘱效力的判例。

一、自书遗嘱或代书遗嘱之争

对于此类打印遗嘱，若严格依照 1985 年《继承法》第 17 条的规定，则属于无效遗嘱。实践中不乏将打印遗嘱分为立遗嘱人自己打印与由他人代为打印两类的意见，从而试图将打印遗嘱归类为自书或代书遗嘱。但此种将打印遗嘱解释为自书遗嘱或代书遗嘱的尝试[2]并不能成功，也没有什么意义，其原因不仅在于对于打印遗嘱而言，究竟是由立遗嘱人亲自打印还是由他人代为打印的事实往往并不清晰，更为实质的理由在于无论自书还是代书遗嘱，均要求（自书遗嘱）遗嘱人或（代书遗嘱）代书人“亲笔”书写制作遗嘱，而使用电脑进行打印，无论如何超出了书写这一概念可以涵盖的范畴，[3]用电脑制作遗嘱，属于使用电脑“记录”遗嘱内容，但并非“书写”。因此，不能解释为自书或代书遗嘱。无论是自书还是代书遗嘱，书写这一行为都不仅仅表现为一种记录行为，同时也具有确认法律拘束意思，警示立遗嘱人慎重作出决定的功能，这也是法律对于自书遗

---

〔1〕 刘庆：《遗嘱意思自由对遗嘱形式限制的矫正》，载《黑龙江省政法管理干部学院学报》2018 年第 3 期，第 58 页。

〔2〕 张萱、陶海荣：《打印遗嘱的法律性质和效力》，载《法学》2007 年第 9 期。

〔3〕 梁分、刘文革：《打印遗嘱效力探究》，载《人民司法》2010 年第 11 期，第 66 页。

嘱要求的形式要件要远远宽松于代书遗嘱的原因——对于通篇全部由立遗嘱人亲笔书写的遗嘱，其严肃性、法律拘束意思天然高于由他人代笔而成的遗嘱。而在代书遗嘱的情形下，法律面临的一个难题是如何证明由遗嘱人以外的人书写的遗嘱体现的是立遗嘱人的真实意思，而不是书写者的真实意思，正因如此，法律设置了见证人制度，并要求遗嘱人、代书人、见证人均须在遗嘱上签字以确认其严肃性、真实性。即便在代书遗嘱中，书写也并非全无意义，由代书人一人亲笔对遗嘱内容进行记录，因其笔迹与书写本身就使得文书具有天然的连贯性，其他人通过更换中间页等方式进行伪造的难度就更大。而反观打印遗嘱，则面临每一页上的字体都是打印字体，完全判断不出经手人的困境，同时因为排版的缘故，如果其中某一页被人私自修改、更换，其他人发觉此种行为的难度要远远大于由代书人手书的遗嘱。因此，将打印遗嘱解释为自书遗嘱或代书遗嘱的尝试，实际上是忽略了“书写”在遗嘱真实性以及法律拘束意思问题上的证明力，因而不可取。

二、两个以上的见证人

根据本条规定，打印遗嘱必须具备两个以上的见证人。与代书遗嘱不同，打印遗嘱并不关注该遗嘱究竟由谁制作，无论该遗嘱的录入人是立遗嘱人自己，还是见证人之一，又或者是立遗嘱人与见证人之外的人，都不影响打印遗嘱的效力。但见证人的数量必须在两个以上。

三、在场见证

两个以上的见证人必须亲自在场见证，此处的见证指的不仅仅是立遗嘱人在遗嘱上签字的过程，也不仅仅是指遗嘱从打印机里被打印出来的过程，而是从负责录入遗嘱的人开始向电脑中录入遗嘱的全过程。从体系解释的角度观察，《民法典》规定的诸多遗嘱形式中，无论是代书遗嘱、录音录像遗嘱甚至是口头遗嘱，都要求见证人见证订立遗嘱的整个过程，实无理由在打印遗嘱上放松要求。

四、在遗嘱每一页签名

打印遗嘱的特殊性在于无法通过自书人或代书人的笔迹确认遗嘱的连续性与真实性，在多页的打印遗嘱中，遗嘱中间页更换篡改的难度较小，发现该行为也更为困难。因此，法律要求遗嘱人和见证人必须在打印遗嘱的每一页都签上自己的姓名，并注明年、月、日。

对于年、月、日的效力问题，就打印遗嘱而言具有特殊性，因为打印遗嘱完全由打印机打印，并非由人书写，所以其对于遗嘱人意思真实性的证明力天然弱于由人书写的遗嘱。在自书遗嘱与代书遗嘱的情形下，或可讨论，自书人、代书人的手书加上遗嘱人与见证人的签名是否已足以证明其真实性与法律拘束意思，并认为年、月、日起到的作用主要是判断遗嘱成立时间从而解决多份内容冲突遗嘱的优先效力问题。[1]但是在打印遗嘱的情形下，这一争论根本不应存在，因为打印这一形式完全无法提供任何对于遗嘱真实性以及当事人法律拘束意思的证明力，特别是在多页打印遗嘱的情形下，在每一页上注明年、月、日，证明该页遗嘱内容成立的时间与其他页遗嘱一致，对于整个遗嘱的效力而言是必要的、不可或缺的，此处年、月、日的注明不仅仅是证明遗嘱成立的时间，而是从根本上对该页上的打印内容能否归属于遗嘱的关键证明之一。因此，遗嘱人与见证人必须在打印遗嘱的每一页都签上自己的姓名，并注明年、月、日。

注明年、月、日应当由立遗嘱人或见证人手写，而不能打印，否则此种注明就会失去意义。与代书遗嘱相同，见证人必须亲笔书写签名，不能按指印，而遗嘱人存在书写困难的，可以按指印代替签名。

【对照适用】

该条规定在原《继承法》中没有相对应的法律条文，属于《民法典》的新增条文。

第一千一百三十七条　以录音录像形式立的遗嘱，应当有两个以上见证人在场见证。遗嘱人和见证人应当在录音录像中记录其姓名或者肖像，以及年、月、日。

【要义精解】

本条是关于遗嘱法定形式之一，录音录像遗嘱形式要求的规定。录音录像遗嘱不满足本条规定的形式要件的，原则上无效。

1985年《继承法》第17条第4款就对录音遗嘱作出了规定："以录音形式立的遗嘱，应当有两个以上见证人在场见证。"《民法典》修订过程

〔1〕庞伟华：《打印遗嘱的法律问题探析》，载《南阳理工学院学报》2017年第5期，第33页。

中，在录音遗嘱的基础上增添了录像遗嘱的形式，响应了技术进步带来的社会实践的变化。相较录音遗嘱而言，录像遗嘱显然更加具备证明力，对于遗嘱的真实性以及遗嘱人的真实意思均能起到极强的证明作用。就此而言，对录像遗嘱这种形式的吸纳与对打印遗嘱形式的吸纳截然不同，在录音遗嘱的基础上吸纳录像遗嘱，是法律基于社会现实的变化、技术的发展而接受了一种证明力更强、真实性更高的遗嘱形式，而在自书遗嘱、代书遗嘱的基础上吸纳打印遗嘱，是采纳了一种更为不稳定，更易被伪造的遗嘱形式，[1]因此要格外慎重，法律也针对打印遗嘱的情形作出了特殊的规定。

录音录像遗嘱必须由遗嘱人本人亲自口述全部遗嘱内容，通过录音录像的方式进行留存，而不得由他人进行转述。因为录音录像遗嘱的记录方式就是录音录像，因此遗嘱人与见证人应当在录音录像中记录自己的姓名或肖像，以及年、月、日，而不能仅在录音录像带上签字，其姓名或肖像必须出现在录音录像之中。本条仅明文规定了“遗嘱人和见证人应当在录音录像中记录其姓名或者肖像，以及年、月、日”，但是文献中不乏意见认为在录音录像遗嘱制作完毕后，应当当场封存录音录像带，并且遗嘱人以及见证人应当在封存的封口处签名，并且注明年、月、日。[2]

【对照适用】

该条规定源于原《继承法》第17条第4款，在内容上，增加了以“录像”形式立遗嘱，同时增加了“遗嘱人和见证人应当在录音录像中记录其姓名或者肖像，以及年、月、日”的要求。

第一千一百三十八条　遗嘱人在危急情况下，可以立口头遗嘱。口头遗嘱应当有两个以上见证人在场见证。危急情况消除后，遗嘱人能够以书面或者录音录像形式立遗嘱的，所立的口头遗嘱无效。

【要义精解】

本条是关于遗嘱法定形式之一，口头遗嘱形式要求的规定。口头遗嘱

[1] 庞伟华：《打印遗嘱的法律问题探析》，载《南阳理工学院学报》2017年第5期，第34页。
[2] 蒋月主编：《婚姻家庭与继承法》（第三版），厦门大学出版社2014年版，第343页。

不满足本条规定的形式要件的，原则上无效。

口头遗嘱是指遗嘱人仅通过口述，而不以其他任何形式加以记录的遗嘱。口头遗嘱虽然制作起来方便简单，但是因为没有任何载体，因此难以被证实，容易被篡改，容易引发纠纷。因此，口头遗嘱仅作为一种对紧急情形下，遗嘱人来不及订立其他形式遗嘱时的特殊遗嘱形式，一旦危急情况解除，遗嘱人能够以书面或者录音录像形式立遗嘱的，口头遗嘱也就失去效力。[1]所谓危急情况，通常是指遗嘱人在生命垂危状态来不及订立书面或录音录像遗嘱，或面临战争、意外灾害等情形来不及订立书面或录音录像遗嘱的情况。如果不存在“危急情况”，则不能订立口头遗嘱，而应当选择其他遗嘱形式，否则口头遗嘱无效。关于见证人的见证方式，本条仅规定了口头遗嘱需要两个以上的见证人“在场见证”，对于是否需要制作笔录、是否需要签名并注明年、月、日并无要求。本文认为不宜对此进行强行规定，因为某些紧急情形下不仅遗嘱人无法以其他形式订立遗嘱，见证人可能也没有条件通过其他方式使相关证据以书面形式或录音录像形式固定下来，法律允许遗嘱人订立口头遗嘱，恰恰是为了对此种情形提供解决方案，如果强行要求见证人以书面或其他形式固化遗嘱内容，则实际上违背了口头遗嘱的制定目的。

可能存在疑问的是，本条虽然规定“危急情况消除后，遗嘱人能够以书面或者录音录像形式立遗嘱的，所立的口头遗嘱无效”，但却未指明危急情形消除后，口头遗嘱具体何时失效。文献中普遍认为口头遗嘱存在一定的“有效期”。从比较法上看，该有效期从六日到三个月不等。[2]此外，还有观点认为，不应以有效期判断口头遗嘱效力，而应区分当事人是否因遗嘱效力发生争议，如果对遗嘱效力无争议则予以承认，如果对遗嘱效力存在争议，则判断遗嘱人是否有条件另立遗嘱，如果确实可以以其他形式另立遗嘱的，则口头遗嘱无效。[3]本文认为，本条并未规定口头遗嘱失效的“有效期”，学理上与实践中也不应对口头遗嘱添加额外的“有效期”的要件。法条文义对该问题已经作出了明确的规定，一旦危急情况解除，当事人有条件另行订立遗嘱的，口头遗嘱便失去效力。唯需注意的是，对

---

〔1〕 陈苇主编：《婚姻家庭继承法学》（第二版），群众出版社 2012 年版，第 363 页。

〔2〕 蒋月主编：《婚姻家庭与继承法》（第三版），厦门大学出版社 2014 年版，第 343 页。

〔3〕 郭明瑞、房绍坤、关涛：《继承法研究》，中国人民大学出版社 2003 年版，第 147 页。

于危急情形的存在应当进行整体判断，在连续性的危急状态中，之前立下的口头遗嘱并不因危急状态的短暂解除而失去效力，而应当等到危急状态完整解除，才导致口头遗嘱失去效力。例如，病人在濒死昏迷前订立的口头遗嘱，并不因其短暂清醒、客观上有条件订立其他形式遗嘱而失去效力，而应当等到病危状态解除，当事人能够较为从容地订立其他形式遗嘱，而并未订立时，口头遗嘱才失去效力。

【对照适用】

该条规定源于原《继承法》第 17 条第 5 款，在措辞上，本条将原第 17 条第 5 款的“危急情况解除”改为“危急情况消除”；同时增加了用“录像”立遗嘱的形式。

第一千一百三十九条　公证遗嘱由遗嘱人经公证机构办理。

【要义精解】

本条是关于遗嘱法定形式之一，公证遗嘱形式要求的规定。

遗嘱公证是公证处按法定程序证明遗嘱人设立遗嘱行为真实、合法的活动。经公证证明的遗嘱为公证遗嘱。根据《公证法》第 11 条、第 12 条的规定，公证处可以根据当事人申请办理遗嘱、保管遗嘱、遗产或者其他与公证事项有关的财产、物品、文书。而根据《公证程序规则》（中华人民共和国司法部令第 145 号修正）第 60 条第 3 款的规定：“涉及国家秘密、遗嘱的公证事项，列为密卷。立遗嘱人死亡后，遗嘱公证案卷转为普通卷保存。”

在 1985 年《继承法》施行期间，公证遗嘱在诸多遗嘱法定形式中具备最强的效力，原《继承法意见》第 42 条明确规定：“遗嘱人以不同形式立有数份内容相抵触的遗嘱，其中有公证遗嘱的，以最后所立公证遗嘱为准；没有公证遗嘱的，以最后所立的遗嘱为准。”这意味着在 1985 年《继承法》施行期间，只有后订立的公证遗嘱才能撤销先订立的公证遗嘱，而后订立的其他形式遗嘱则不能撤销先订立的公证遗嘱。这一处理方式受到学界的普遍批评，《民法典》立法过程中，对公证遗嘱的效力问题进行了回应，取消了公证遗嘱的优先效力。《民法典》第 1142 条规定：“遗嘱人可以撤回、变更自己所立的遗嘱。立遗嘱后，遗嘱人实施与遗嘱内容相反的民事法律行为的，视为对遗嘱相关内容的撤回。立有数份遗嘱，内容相抵触的，以最后的遗嘱为准。”由此，公证遗嘱与其他法定形式遗嘱具备同等效力，当多份遗嘱存在内容冲突时，以订立时间在后的遗嘱为准。[1]

司法部《遗嘱公证细则》（以下简称《细则》）第5条规定：“遗嘱人申办遗嘱公证应当亲自到公证处提出申请。遗嘱人亲自到公证处有困难的，可以书面或者口头形式请求有管辖权的公证处指派公证人员到其住所或者临时处所办理。”这意味着公证遗嘱亦须本人亲自办理，而不能委托他人代办。而根据《细则》第6条的规定，遗嘱公证应当由两名公证人员共同办理，由其中一名公证员在公证书上署名。因特殊情况由一名公证员办理时，应当有一名见证人在场，见证人应当在遗嘱和笔录上签名。此处的见证人、遗嘱代书人均适用《民法典》第1140条关于遗嘱见证人资格的规定。

公证人员询问遗嘱人，除见证人、翻译人员外，其他人员一般不得在场。在公证的过程中，公证人员应当向遗嘱人讲解我国法律规定中有关遗嘱和公民财产处分权利的规定，以及公证遗嘱的意义和法律后果。公证处应当对遗嘱人的身份、意思表示是否真实、有无受胁迫或者受欺骗等情况进行审查，公证的谈话笔录应当着重记录诸如遗嘱人的身体状况、精神状况、家庭成员情况、遗嘱所处分财产的情况、遗嘱人所提供的遗嘱或者遗嘱草稿的形成时间、地点和过程、是否指定遗嘱执行人及遗嘱执行人的基本情况等内容。此外，根据《细则》第16条的规定，特殊情形下，公证人员还须在与遗嘱人谈话时录音或录像。此处的特殊情形包括：遗嘱人年老体弱；遗嘱人为危重伤病人；遗嘱人为聋、哑、盲人；遗嘱人为间歇性精神病患者、弱智者的情况。

【对照适用】

该条规定源于原《继承法》第17条第1款，与原条文大体上无差别。但在措辞上，本条将原第17条第1款的“公证机关”改为“公证机构”。

第一千一百四十条　下列人员不能作为遗嘱见证人：

（一）无民事行为能力人、限制民事行为能力人以及其他不具有见证能力的人；

（二）继承人、受遗赠人；

（三）与继承人、受遗赠人有利害关系的人。

---

〔1〕 蒋月主编：《婚姻家庭与继承法》（第三版），厦门大学出版社2014年版，第354页。

【要义精解】

本条是关于遗嘱见证人资格的规定，本条规定范围内的人员，不得作为遗嘱见证人，如果遗嘱见证人存在本条规定的情形的，遗嘱因不符合形式要件而无效。本条规范适用于包括代书遗嘱、录音录像遗嘱、口头遗嘱在内的全部需要有见证人在场见证的遗嘱法定形式。

所谓遗嘱见证人，是指遗嘱人指定的、在遗嘱订立现场，对遗嘱人的精神状态、真实意思以及订立遗嘱的全过程进行证明的人。

本条并未正向规定遗嘱见证人的资格要件，而是排除性地规定了不能作为遗嘱见证人的情况。本条构成对遗嘱见证人资格的封闭性规定，若见证人不在本条规定不能作为遗嘱见证人的情形之列，则可以有效地作为遗嘱见证人，为遗嘱的订立提供见证。

首先，无民事行为能力人、限制民事行为能力人不能作为遗嘱见证人。根据民法典总则编的规定，无民事行为能力人，指不满八周岁的未成年人或不能辨认自己行为的成年人；限制民事行为能力人，指八周岁以上的未成年人不能完全辨认自己行为的成年人；其中，根据民法典总则编第18条第2款的规定，十六周岁以上的未成年人，以自己的劳动收入为主要生活来源的，视为完全民事行为能力人。无民事行为能力人、限制民事行为能力人或因年纪较小、心智发育尚不成熟，或因智力、精神状态本身存在缺陷，不能辨认或者不能完全辨认自己行为，对自身法律事务尚不能独立进行安排，自然也无法作为遗嘱见证人对遗嘱进行见证。

其次，其他不具有见证能力的人不能作为遗嘱见证人。(1) 此处应当包含因一时性原因而暂时不能作为遗嘱见证人的人。例如，遗嘱订立时处于醉酒状态、暂时意识不清的状态等。无民事行为能力人、限制民事行为能力人属于持续性的意思能力障碍，而在此之外，还存在一时性的障碍，遗嘱见证人需要在场见证遗嘱订立的全过程，若其在订立遗嘱的过程中正处于意识不清醒，不能充分辨认遗嘱人的精神状态、真实意思等重要情形的状态中，则不能有效地作为遗嘱见证人为遗嘱提供见证。(2) 见证人应当通晓遗嘱适用的语言。在遗嘱以中文订立的情况下，见证人应当通晓中文，否则不具备见证能力。遗嘱的见证需要确认遗嘱人表达的真实意思，如果连遗嘱人所使用的语言都不能理解，那么自然不具备见证能力。(3) 文盲不得作为代书遗嘱、打印遗嘱的见证人，因为代书遗嘱、打印遗嘱系以文字、书面形式将遗嘱固化下来的形式，如果见证人是文盲，则其根本无法识别在纸面上固化下来的遗嘱究竟是什么内容，也就无法对遗嘱进行有效的见证。但是对于录音录像遗嘱、口头遗嘱而言，见证人是否文盲，并不影响其见证能力，只要其理解能力不存在缺陷即可。（4）因为身体缺陷而不能进行完全见证的人。此处主要指目盲、耳聋等直接影响见证、识别现场状况的情形。

此外，继承人、受遗赠人不能作为遗嘱见证人。继承人、受遗赠人是直接因遗嘱而受益（获得财产）的人，如果允许继承人或受遗赠人为遗嘱进行见证，无异于降低了法律规定的见证人数量，也无法保障见证的客观性、公正性。

最后，与继承人、受遗赠人有利害关系的人不能作为遗嘱见证人。遗嘱见证人应当由遗嘱人指定，而不能由继承人、受遗赠人自己指定，同时如果指定的见证人与继承人、受遗赠人有利害关系的话，则其不具备见证人的资格。例如，继承人、受遗赠人的近亲属通常不得作为见证人，继承人、受遗赠人不得委托他人为其自身为继承人、受遗赠人的遗嘱进行见证。例如，叶某1与叶某4等继承纠纷案〔1〕中，法院便认定：从视频的形式看，11月6日的视频有两个以上无利害关系人在场，而11月8日视频中的在场人基本都是本案涉诉的几位继承人及其配偶，并不具备两个以上无利害关系人在场的条件。但是实践中继承人、受遗赠人的亲属并不必然被纳入利害关系人的范畴。例如在王某、高某1继承纠纷再审案〔2〕中，法院认为兄弟姐妹关系也不天然导致利害关系人的认定：代书遗嘱的代书人、见证人系高某1父母的兄弟姐妹，与高某1系亲戚关系，但不是高某1的继承人、债权人、债务人、共同经营的合伙人，且没有证据证明上述代书人、见证人能够因高某1继承高某官的遗产而获得利益。因此，本案代书遗嘱的代书人、见证人不属于原《继承法》第18条第3项规定的情形。

可见，在不具备亲属关系的情况下，与继承人、受遗赠人具有经济上的债权债务或共同经营关系的人，也被认定为利害关系人。本文认为，此

---

〔1〕 叶某1与叶某4等继承纠纷案，北京市第一中级人民法院（2019）京01民终11338号民事判决书。

〔2〕 王某、高某1继承纠纷再审案，福建省高级人民法院（2018）闽民申4510号民事裁定书。

处的“利害关系”指的并非直接经济上的联系，而是指见证人与继承人、受遗赠人具有较为紧密的联系，可能使继承人、受遗赠人对见证人施以重大影响的情形，例如，继承人、受遗赠人的同居伴侣、工作中的下级员工等，均属于此种情形。

遗嘱见证人必须“在场见证”，如果遗嘱见证人并未在场，而是以电话、视频等方式进行见证，则见证无效。如果遗嘱见证人并未全程见证，而仅是在遗嘱制作完毕后在遗嘱上签字，同样属于无效见证。[1]遗嘱见证人必须从遗嘱开始制作，到遗嘱制作终了全程在场见证，否则其无法对遗嘱的真实性提供充分的证明。须注意的是实践中存在的不同意见，在上诉人张某1与被上诉人张某2、张某3、张某4、张某5遗嘱继承纠纷案[2]中，一审法院便认为：根据原《继承法》第17条第3款规定，代书遗嘱应当有两个以上见证人在场见证，由其中一人代书。法律规定遗嘱必须具备一定的形式，是为了确定遗嘱的可靠性，以确定遗嘱的效力，从而减少纠纷。确定代书遗嘱的效力，主要是看遗嘱内容是否为遗嘱人的真实意思表示。案涉遗嘱上的两名证明人，符合原《继承法》第18条规定的见证人条件，并在法庭上对案涉遗嘱形成情况进行了陈述，明确表示系遗嘱人杜某的真实意思表示，司法鉴定意见书证实了案涉遗嘱形成时间真实。因此，能够确定案涉遗嘱系遗嘱人杜某的真实意思表示，可以认定案涉遗嘱真实有效。该意见也得到了二审法院的肯定和确认：案涉遗嘱系由张某6代书，并由张某6与杜某4见证，遗嘱人处虽然并非杜某本人签名，但张某6在一审到庭作证，一审法院亦与另一见证人杜某4当庭电话沟通，上述二人证言能够相互印证，确认遗嘱的形成过程，足以证明案涉遗嘱系杜某本人所按手印，遗嘱内容系杜某本人真实意思表示。且案涉遗嘱在一审中经过司法鉴定部门鉴定，确认实际形成于落款时间前后。故一审法院综合上述证据，并结合杜某当时的年龄及文化程度，认为案涉遗嘱确系杜某本人真实意思表示，合法有效，并无不当。因张某1并无证据证明案涉遗嘱上的手印并非杜某本人所按，亦无证据证明杜某当时系受胁迫或受欺骗抑或立遗嘱时无民事行为能力，故张某1仅以案涉遗嘱上并非杜某签名，

---

〔1〕 梁分、梁小红：《完善遗嘱见证人制度的几点思考》，载《西南石油大学学报（社会科学版）》2019年第1期，第81页。

〔2〕 上诉人张某1与被上诉人张某2、张某3、张某4、张某5遗嘱继承纠纷案，江苏省南京市中级人民法院（2020）苏01民终131号民事判决书。

以及其中一名见证人系后到场签名未全程见证遗嘱形成过程为由，主张案涉遗嘱不符合法定形式要件应当无效的上诉意见，依据不足，本院不予采纳。

【对照适用】

该条规定源于原《继承法》第 18 条，本条在内容上基本上是对第 18 条的延续。在措辞上，本条将原第 18 条第 1 款的“无行为能力人、限制行为能力人”修改为“无民事行为能力人、限制民事行为能力人”，同时在不能作为遗嘱见证人的人员中增加了“其他不具有见证能力的人”。

第一千一百四十一条　遗嘱应当为缺乏劳动能力又没有生活来源的继承人保留必要的遗产份额。

【要义精解】

本条是关于必留份制度的规定，是对被继承人遗嘱自由的法定限制，其目的在于为缺乏劳动能力又没有生活来源的继承人的生活提供基本保障，以实现遗产养老育幼的功能。

一、继承人

适用本条，首先要求主张必留份的当事人为遗嘱人的法定继承人。这意味着依据《民法典》第 1127 条、第 1129 条关于法定继承人范围的规定，有可能享有必留份请求权的当事人仅限于遗嘱人的配偶、子女、父母、兄弟姐妹、祖父母、外祖父母以及尽到主要赡养义务的丧偶儿媳、女婿。

二、缺乏劳动能力又没有生活来源

主张必留份的继承人必须缺乏劳动能力又没有生活来源。所谓缺乏劳动能力，是指因年龄、疾病、残疾等原因在客观上无法参与劳动，若继承人客观上具备劳动能力，只是因为主观上的原因（例如，因学历较低找不到心仪的工作、因长期在家从事家务劳动而感到不适应社会等），并不构成“缺乏劳动能力”的情形。[1]未成年人因其民事行为能力尚不完全，因

〔1〕 李贝：《民法典继承编引入“特留份”制度的合理性追问——兼论现有“必留份”制度之完善》，载《法学家》2019 年第 3 期，第 85 页。

此一概属于缺乏劳动能力的人。老年人是否属于缺乏劳动能力的人，应视具体情况而定，具体应考察其职业状态、生存环境、健康状况等。年近七旬依旧活跃在讲台上的法学教授与同样年龄已无法再承担繁重农活的农民，在对于"缺乏劳动能力"的判断问题上，不能仅因年龄大小一概而论。例如，田某1等与林某返还原物纠纷上诉案[1]中，法院明确指出：田某1、田某2辩称其名下没有其他住房，且田某1身体状况和经济能力不好，事实上无法腾空并返还房屋，法院认为，田某1有工作单位，享有退休金及医疗保险待遇，田某2也有工作单位和工资收入，不属于生活困难之人，且2012年3月之前田某1、田某2亦另有住处，二人据此抗辩，证据不足，于法无据，法院不予采信。

没有生活来源，指其经济收入不足以维持当地一般生活水平。继承人的收入来源有很多可能，最普遍的可能性即其劳动收入，缺乏劳动能力的继承人通常不具有生活来源，但此种情形并非必然，因为继承人还可能基于信托、保险、理财甚至房租等各种其他方式获得收入，所谓没有生活来源，是对继承人收入状况的综合考察。实践中存在的一种观点认为，存在扶养义务人便不属于没有生活来源，例如在吴某、车某民间借贷纠纷案[2]中，法院认为：车某系未成年人，虽缺乏劳动能力，但其母亲吴某作为车某的监护人，对车某有抚养的义务，因此车某不属于没有生活来源的人。车某要求按上述规定为其保留适当遗产的主张不能成立。这一观点应当被否定，主要有两点理由：（1）如果该观点成立，那么必留份制度的适用范围就将被挤压至一个令人难以想象的狭小空间，被继承人离世后，世上便再不存在任何对其有扶养义务的人。通常而言，扶养义务会产生于哪些主体之间呢？《民法典》第1059条第1款规定："夫妻有相互扶养的义务。"第1067条规定："父母不履行抚养义务的，未成年子女或者不能独立生活的成年子女，有要求父母给付抚养费的权利。成年子女不履行赡养义务的，缺乏劳动能力或者生活困难的父母，有要求成年子女给付赡养费的权利。"第1074条规定："有负担能力的祖父母、外祖父母，对于父母已经死亡或者父母无力抚养的未成年孙子女、外孙子女，有抚养的义务。有负

---

〔1〕 田某1等与林某返还原物纠纷上诉案，北京市第一中级人民法院（2018）京01民终1127号民事判决书。

〔2〕 吴某、车某民间借贷纠纷案，安徽省滁州市中级人民法院（2019）皖11民终472号民事判决书。

担能力的孙子女、外孙子女，对于子女已经死亡或者子女无力赡养的祖父母、外祖父母，有赡养的义务。”第1075条规定：“有负担能力的兄、姐，对于父母已经死亡或者父母无力抚养的未成年弟、妹，有扶养的义务。由兄、姐扶养长大的有负担能力的弟、妹，对于缺乏劳动能力又缺乏生活来源的兄、姐，有扶养的义务。”试想，若扶养义务人的存在会排除必留份的适用，那么当必留份权利人尚有父母、配偶、子女、祖父母、外祖父母、孙子女、外孙子女中一人在世，特定情况下尚有兄弟姐妹中的一人在世时，均不可请求必留份的给付，那么必留份存在的意义究竟何在？因此，扶养义务人的存在并不排除必留份请求权。（2）扶养义务的标准与没有生活来源的标准并不相同，后者指其经济收入不足以维持当地一般生活水平，而扶养费的给付标准通常为扶养义务人收入的百分之二十至百分之三十。如果扶养义务人本身的收入也就是勉强维持当地一般生活水平，那么该收入的百分之二十至百分之三十便根本不足以维持当地一般生活水平。因此，扶养义务人的给付不能构成必留份制度中的“收入来源”。

此外，当事人为残疾人并不必然导致其符合请求给付必留份的前提条件，例如在赵某1与赵某2等遗嘱继承纠纷上诉案中，法院便正确指出：赵某1现虽持有残疾人证，但根据查明的事实，其享有每月领取的退养金，其妻、子均有工作能力，其名下有住房，不属于继承法规定的缺乏劳动能力又没有生活来源的情形，故其以《继承法》（现已失效）第19条为依据，主张继承赵某的遗产，缺乏事实依据。赵某1就其上诉提供的证据，不足以证明其事实主张，应承担不利后果。

对于当事人是否属于缺乏劳动能力又缺乏生活来源的情形，需要综合判断，例如在张某等与林某2法定继承纠纷上诉案中，法院便认为：现林某3的母亲即林某2为86岁的高龄老人，已丧失劳动能力，没有经济收入，且身体多病，故在处理林某3的遗产时，应为其保留必要的份额。故张某、林某1不同意为林某2保留遗产份额的意见，本院不予支持。张某、林某1上诉虽称林某2并非没有生活来源，林某2有国家发放的低保生活费和养老助残券，还有一老一小社会保险和7万元银行存款，其他四个子女也具有赡养老人的义务和经济能力，且张某与林某1的经济条件也比较困难，但原审法院在确定保留遗产份额的多少时，已经综合考虑了上述各种因素，对林某3遗产的处理并无不妥，确定张某、林某1给付林某2人民币10万元，数额适当，本院予以维持。

三、遗嘱中未保留必要份额

所谓必要份额，指的是维持必留份权利人生活所需的必要份额。该份额应当综合遗产数额、继承人的生存需要等客观情形综合判定，[1]但是不得超过该必留份权利人在法定继承情形下能够获得的份额。需要注意的是，法定继承情形下亦存在对于生活有特殊困难又缺乏劳动能力的继承人进行照顾的规定，《民法典》第1130条第1款与第2款规定："同一顺序继承人继承遗产的份额，一般应当均等。对生活有特殊困难又缺乏劳动能力的继承人，分配遗产时，应当予以照顾。"这意味着，在法定继承的情形下，生活有特殊困难又缺乏劳动能力的继承人最终获得的份额也可能超出第1130条第1款规定的平分之后的份额。必留份制度中，必留份权利人最终有权请求的"必要份额"应当以其在法定继承中依据第1130条第2款受到照顾之后可以获得的份额为限。其原因在于，必留份制度是对被继承人遗嘱自由的法定限制，这种限制起到的效果不应超过在被继承人未留遗嘱时会产生的效果。[2] 换言之，如果继承人在法定继承的情形下，依据第1130条第2款受到照顾之后也仅可获得3万元的遗产，那么法律不能够基于遗嘱中未保留必要份额这一理由反而赋予其超过3万元的遗产份额。"遗嘱中未保留必要份额"这一理由并不能构成继承人最终获得的财产比被继承人未留遗嘱时可获财产还多的正当性基础。进而可以得出结论，在存在第一顺位法定继承人时，第二顺位法定继承人无权请求必留份，因为如果被继承人未留下遗嘱，那么依据法定继承规则，在存在第一顺位法定继承人时，第二顺位法定继承人不继承，所以，第二顺位法定继承人不能因为被继承人订立遗嘱时未考虑他，反而获得比被继承人干脆不立遗嘱的情形下更优的法律地位。

四、必留份与特留份制度

需要进行区分的是必留份与特留份制度。必留份制度为本条规定的制度，其旨在通过限制被继承人的遗嘱自由，为缺乏劳动能力又没有生活来源的继承人提供基本的生活保障，其核心的价值考量在于遗产养老育幼功能的实现。而特留份制度则是基于继承人与被继承人直接特定的亲属或扶

---

〔1〕 陈苇主编：《婚姻家庭继承法学》（第二版），群众出版社2012年版，第358页。

〔2〕 李贝：《民法典继承编引入"特留份"制度的合理性追问——兼论现有"必留份"制度之完善》，载《法学家》2019年第3期，第90页。

养关系而产生的，继承人针对特定遗产份额的请求权。[1] 例如《德国民法典》第2303条规定："被继承人的晚辈直系血亲因死因处分而被排除在继承人之外的，该晚辈直系血亲可以向继承人请求特留份。特留份为法定应继份的价额的一半。被继承人的父母或配偶因死因处分而被排除在继承之外的，他们有同一权利。"特留份制度仅因亲属或扶养关系而产生，并不需要请求必留份的继承人"缺乏劳动能力又没有生活来源"。我国法律制度中没有关于特留份的规定。

不可否认特留份制度同样具备养老育幼的功能，但从其制度构成上来看，这样一种纯粹基于亲属或扶养关系而产生的对遗嘱自由的限制，与公序良俗原则的关系更为紧密。德国法上，特别是在对情妇的遗赠问题上，特留份制度成为了该遗赠是否违背公序良俗的分水岭：被继承人必须为自己的晚辈直系血亲、父母和配偶留下法律要求的特留份（法定应继份的一半），如果没有留足特留份，则遗嘱与特留份相抵触的部分无效；但若被继承人在遗嘱中留出了特留份，那么在特留份以外的遗产部分，被继承人享有充分的遗嘱自由，即便其将遗产遗赠给情妇，也不会因违背公序良俗而被宣告无效。在此意义上，特留份制度成为了遗嘱自由与公序良俗之间的平衡器。我国司法实践中，特留份制度维系家庭伦理的制度功能可以通过公序良俗原则得以部分实现。例如，在最为典型的情形中，对婚外情妇的遗赠便通常会因为违背公序良俗原则而被整体宣告无效。但与特留份制度不同，公序良俗原则对于法律行为效力的判断属于"全有或全无式"的判断，遗嘱（或遗赠）要么因违背公序良俗而整体无效，要么不违背公序良俗而在继承开始之后整体发生效力。特留份制度关注的应当是与被继承人足够亲近的人是否获得了相应的份额，而公序良俗原则关注的则是被继承人意图通过遗嘱进行的财产转移是否与公序良俗相悖。二者在诸如对婚外情妇进行遗赠的情形中可能存在重合，在其他情况下则可能出现差别，例如，若被继承人并非将全部财产遗赠情妇，而是将全部财产遗赠给希望工程，则该"对希望工程进行遗赠"的行为实难谓之悖俗，在不存在特留份或类似制度的前提下，未给亲人留下任何财产本身也并不违背公序良俗，而属于遗嘱自由的范畴——否则被继承人通过遗嘱将遗产在亲人之间

---

〔1〕 苏成慧：《我国民法典继承编特留份制度之重构》，载《西南政法大学学报》2017年第4期，第98页。

做不公平的分配（例如，将财产全部留给小儿子而不给大儿子等）也可能触碰公序良俗的边界，但允许被继承人通过遗嘱对自身遗产作出“不公平”的分配，原本就是遗嘱自由的题中之义，不应以公序良俗否定其效力。

因特留份制度基于亲属或扶养关系而产生，所以特留份制度天然带有遗产传递的功能，从比较法的角度来看，英国、美国、法国、德国、奥地利等国家均承认具体构造不一的特留份制度，尽管在制度具体安排上存在差异，但大体均遵循赋予被继承人的法定继承人范围内与被继承人关系最为紧密的亲属，例如配偶、晚辈直系血亲等。杨立新教授曾指出：“（特留份制度）其本质仍然在于保障被继承人的遗产仅在其最亲密的血亲之间传递而不外流，贯彻着遗产按传统仅限于血亲之间继承传递的基本理念，体现着特留份制度所具有的遗产继承传递功能。”〔1〕

【对照适用】

该条规定源于原《继承法》第19条，并与第19条高度相似，只有一处细微的变化。即措辞上，本条将原第19条的“对缺乏劳动能力”改为“为缺乏劳动能力”。

第一千一百四十二条　遗嘱人可以撤回、变更自己所立的遗嘱。

立遗嘱后，遗嘱人实施与遗嘱内容相反的民事法律行为的，视为对遗嘱相关内容的撤回。

立有数份遗嘱，内容相抵触的，以最后的遗嘱为准。

【要义精解】

本条是关于遗嘱撤回、变更的规范，进而涉及多份内容抵触遗嘱的效力认定问题。

一、概念辨析

所谓遗嘱的撤回，是指遗嘱人在自己尚生存时以意思表示取消原来订立的遗嘱的行为。而遗嘱的变更，指的是遗嘱人在自己尚生存时以意思表

〔1〕 杨立新、和丽军：《对我国继承法特留份制度的再思考》，载《国家检察官学院学报》2013年第4期，第151页。

示改变原先设立的遗嘱内容的行为。[1]

在概念上需要澄清的是撤回与撤销的区别。1985 年《继承法》第 20 条第 1 款规定："遗嘱人可以撤销、变更自己所立的遗嘱。"该款规定采用了"撤销"遗嘱的表述方式，同年颁布的《继承法意见》同样采用了这一表述，例如，《继承法意见》第 39 条规定："遗嘱人生前的行为与遗嘱的意思表示相反，而使遗嘱处分的财产在继承开始前灭失，部分灭失或所有权转移、部分转移的，遗嘱视为被撤销或部分被撤销。"基于法律的明文规定，"撤销"遗嘱的表述方式也在文献与教科书中被广泛接受。然而撤销的表述方式是不准确的，尤其是在民法法典化的背景下，对法律行为的撤销，指的是表意人因意思表示瑕疵而行使法律赋予的撤销权，使法律行为自始不生效力的行为，其事由通常包括恶意欺诈、重大误解等情形。而遗嘱在订立之后并未立即生效，需要等到被继承人死亡，继承开始才发生效力，因此这不是撤销——在意思表示生效前阻止其发生效力的行为，是撤回。本条改变了此前法律与文献中一贯的表述方式，采纳了撤回的表述方式，是符合法典概念体系的重大改进。

二、变更与撤回是法律行为

遗嘱的变更与撤回在性质上属于法律行为，需要借助意思表示为之，因此需要遗嘱人在对遗嘱进行变更或撤回时，具备与订立遗嘱所需的同等程度的民事行为能力，即完全民事行为能力。与订立遗嘱相同，遗嘱的变更与撤回须由遗嘱人亲自为之，不得代理。遗嘱人订立遗嘱后丧失或部分丧失民事行为能力的，则无法对之前订立的遗嘱进行变更或撤回。

遗嘱人可以以明示或默示的方式变更与撤回遗嘱。所谓明示方式通常表现为明确作出变更、撤回遗嘱的意思表示。此处需要注意的是立法的变化，1985 年《继承法》第 20 条第 3 款明确规定："自书、代书、录音、口头遗嘱，不得撤销、变更公证遗嘱。"此条规定赋予了公证遗嘱优先于其他遗嘱形式的效力级别，遗嘱人在订立公证遗嘱后如果想要撤回或变更该公证遗嘱，仅能同样通过公证形式达成目的。这一规定受到学界广泛批评，反对意见认为确立公证遗嘱的优先效力给遗嘱人变更、撤回遗嘱造成了额外的困难，公证形式本身也需要缴纳相应的费用，在遗嘱人健康或经济状况发生变化的情况下，或者紧急情形来不及对新的遗嘱进行公证的情

---

[1] 夏吟兰主编：《婚姻家庭继承法》，中国政法大学出版社 2012 年版，第 265 页。

况下，强行确立公证遗嘱的优先地位，对被继承人的遗嘱自由形成了不恰当的限制。《民法典》修订过程中取消了1985年《继承法》第20条第3款的规定，仅规定“立遗嘱后，遗嘱人实施与遗嘱内容相反的民事法律行为的，视为对遗嘱相关内容的撤回”。这与1985年《继承法》第20条第2款的规定一脉相承：“立有数份遗嘱，内容相抵触的，以最后的遗嘱为准。”

所谓默示方式撤回或变更遗嘱，主要包括以下几种情形。

1. 直接订立与先前遗嘱内容相抵触的法律行为

本条第2款规定：“立遗嘱后，遗嘱人实施与遗嘱内容相反的民事法律行为的，视为对遗嘱相关内容的撤回。”此即关于遗嘱默示撤回的拟制规范，遗嘱人无须明确表示对此前遗嘱的撤回或变更，只需径自订立新的遗嘱，旧的遗嘱与新遗嘱内容抵触的部分自动失去效力。

此处的法律行为，既包括订立与此前遗嘱内容抵触的新的遗嘱，也包括订立与此前遗嘱内容抵触的其他法律行为。[1] 前者例如订立新的遗嘱将原本留给长子的房子转而留给次子；后者既包括负担行为，也包括处分行为。负担行为例如订立买卖合同，将原本遗嘱中遗留给子女的房子卖给了邻居；处分行为例如抛弃、转让遗产所有权等。

需要思考的问题是，如果后订立的遗嘱因违背公序良俗而被宣告无效，那么是否依旧形成对前一份遗嘱的有效撤回？1985年《继承法》第20条第2款规定：“立有数份遗嘱，内容相抵触的，以最后的遗嘱为准。”那么最后一份遗嘱须为合法有效遗嘱，才能最终发生效力，若其无效，则应判断倒数第二份遗嘱是否合法有效，若是，则以倒数第二份遗嘱为准。这一思路仅关注哪份遗嘱可以生效的问题，却并不重视遗嘱从成立到被撤回的过程，亦未回答“成立在先的遗嘱法律命运如何”这一问题。

本条第2款规定：“立遗嘱后，遗嘱人实施与遗嘱内容相反的民事法律行为的，视为对遗嘱相关内容的撤回。”这就使得多份冲突遗嘱的效力判断规则从横向变为了纵向：司法者面临的问题不再是简单地从摆在面前的若干份遗嘱中挑出成立时间最晚的那一份来检验其效力，而是需要判断，后订立的遗嘱是否形成对先订立遗嘱的有效撤回？从法律规定的形式

〔1〕 陈苇主编：《婚姻家庭继承法学》（第二版），群众出版社2012年版，第367页。

逻辑上看，如果简单地将后一遗嘱通过拟制“等同”为撤回行为，那么一旦后一遗嘱因故无效，该撤回行为也就无效，前一遗嘱便没有被有效撤回，因此依旧可以发生效力。但事实上撤回遗嘱的意思与遗嘱人在遗嘱中表达的新的遗产安排方案毕竟是两个意思，新的遗产安排方案可能因违背公序良俗而无效，但此时并不意味着撤回前一遗嘱的意思同时必然违背公序良俗,〔1〕如果简单地将二者等同，那么可能会在实践中对遗嘱人造成误导：遗嘱人可能以为自己已经通过订立新的遗嘱撤回了此前的那个已经不符合心意的遗嘱，但未料到后一遗嘱因违背公序良俗而无效，却反而使之前的那个如今已经违背其意愿的遗嘱意外生效。这一情形并非不可能发生，例如，遗嘱人一开始订立遗嘱将房产留给一直独身的女儿，后来女儿对其不好，父女关系很差，遗嘱人转而订立遗嘱将房产留给已经结婚的儿子，但附有条件：儿子必须和遗嘱人讨厌的儿媳离婚。那么此时前一遗嘱已经明显违背遗嘱人真实意愿，而后一遗嘱则因为干涉婚姻自由而被认为无效，但通过另行订立冲突遗嘱的行为，遗嘱人撤回第一份遗嘱的意思已经昭然若揭，此时若因第二份遗嘱无效，而同时否定其撤回第一份遗嘱的意思的有效性，显然违背遗嘱人的真实意思。因此，本文认为，应当区分撤回遗嘱的意思与安排遗产的意思,〔2〕当事人订立冲突遗嘱导致前一份遗嘱被撤回，并非因为后一份遗嘱本身被拟制为撤回，而是基于意思表示解释的规则，从遗嘱人订立冲突遗嘱这一行为中，可以解释遗嘱人撤回前一份遗嘱的默示意思表示，对于该意思表示的效力应当单独判断。

2. 直接以事实行为消灭遗嘱标的

被继承人的行为导致继承开始前遗产灭失或部分灭失的，也构成对遗嘱的撤回。

三、多份冲突遗嘱的效力判断规则

根据本条第3款规定，立有数份遗嘱，内容相抵触的，以最后的遗嘱为准。

此处首先需要说明所谓“立有数份遗嘱”，指的是遗嘱的成立时间，

〔1〕杨环、陶钟太朗：《论公序良俗原则对遗嘱自由的限制》，载《四川理工学院学报（社会科学版）》2007年第4期，第40页。

〔2〕刘诚：《遗嘱继承若干概念的辨析与重构》，载《盐城师范学院学报（人文社会科学版）》2013年第5期，第32页。

而非生效时间。[1] 遗嘱自被继承人死亡时生效，订立遗嘱的意思表示作出之后，遗嘱成立，但不生效。在判断数份内容冲突遗嘱的生效顺序时，以该遗嘱的成立时间为准。其次，1985 年《继承法》第 20 条第 3 款明确规定："自书、代书、录音、口头遗嘱，不得撤销、变更公证遗嘱。"而本条删除了这一规定，表明了立法者取消公证遗嘱优先地位的用意，自《民法典》生效之后，自书、代书、录音录像遗嘱、打印遗嘱甚至口头遗嘱，只要符合法律规定的形式要件，便可以产生撤销、变更公证遗嘱的效力。订立了公证遗嘱的遗嘱人想要变更公证遗嘱的，无须再去公证处订立新的公证遗嘱，只需采用《民法典》规定的其他遗嘱形式即可。

【对照适用】

该条规定源于原《继承法》第 20 条。本条文在第 1 款中将原第 20 条第 1 款的"撤销"二字改为"撤回"；新增第 2 款"立遗嘱后，遗嘱人实施与遗嘱内容相反的民事法律行为的，视为对遗嘱相关内容的撤回"的规定。同时保留原第 20 条第 2 款内容，将其顺序调整到《民法典》第 1142 条第 3 款，并删除了原第 20 条第 3 款"自书、代书、录音、口头遗嘱，不得撤销、变更公证遗嘱"的规定。

第一千一百四十三条　无民事行为能力人或者限制民事行为能力人所立的遗嘱无效。

遗嘱必须表示遗嘱人的真实意思，受欺诈、胁迫所立的遗嘱无效。

伪造的遗嘱无效。

遗嘱被篡改的，篡改的内容无效。

【要义精解】

本条是关于遗嘱无效情形的规定，在本条规定的情形范围内，本条形成针对民法一般规则的特别法，具备本条规定情形的遗嘱无效。

遗嘱无效，是指即便在继承开始之后亦因违反法律的规定而不能发生效力的情形。

[1] 蒋月主编：《婚姻家庭与继承法》（第三版），厦门大学出版社 2014 年版，第 359 页。

一、本条规定的四种遗嘱无效情形

（一）无民事行为能力人或者限制民事行为能力人所立的遗嘱无效

遗嘱人需要具备遗嘱能力才能有效订立遗嘱，根据本条规定，遗嘱能力所指为完全民事行为能力。根据本条规定，无民事行为能力人订立的民事法律行为无效，此点与无民事行为能力人订立民事法律行为的一般规则一致，《民法典》第144条规定："无民事行为能力人实施的民事法律行为无效。"本条规定在限制民事行为能力人所立遗嘱的效力问题上，与民法典总则编的一般规则存在偏离。总则编第145条第1款规定："限制民事行为能力人实施的纯获利益的民事法律行为或者与其年龄、智力、精神健康状况相适应的民事法律行为有效；实施的其他民事法律行为经法定代理人同意或者追认后有效。"根据该条规则，限制民事行为能力人作出民事法律行为时，该民事法律行为并非一概无效，而是效力待定，只要限制民事行为能力人的法定代理人在事后追认，该民事法律行为便可以发生效力，而对于纯获利益的民事法律行为或者与其年龄、智力、精神健康状况相适应的民事法律行为，限制民事行为能力人可以独立实施，甚至无须法定代理人的同意或者追认。但是对于订立遗嘱的行为而言，遗嘱人具备限制民事行为能力并不足够，遗嘱人必须具备完全民事行为能力，才能有效订立遗嘱，且遗嘱具有高度自决性，不得代理，[1]其后果是无民事行为能力人与限制民事行为能力人无法通过任何形式订立遗嘱。无民事行为能力人、限制民事行为能力人的监护人不得代理被监护人订立遗嘱，哪怕是为了被监护人的利益。

判断遗嘱人遗嘱能力的时间点是订立遗嘱时。遗嘱人订立遗嘱时具备遗嘱能力的，即便订立遗嘱之后变为无民事行为能力人或限制民事行为能力人，并不影响遗嘱效力；遗嘱人订立遗嘱时为无民事行为能力人或限制民事行为能力人的，即便其订立遗嘱后获得或恢复了完全民事行为能力，其当时所立遗嘱依旧作无效处理。

（二）遗嘱必须表示遗嘱人的真实意思，受欺诈、胁迫所立的遗嘱无效

此处的欺诈、胁迫从概念上应实现与总则部分的完全对接，所谓欺诈，指故意欺罔他人，使其陷入错误判断，并基于此错误判断为意思表示

---

[1] 夏吟兰主编：《婚姻家庭继承法》，中国政法大学出版社2012年版，第260页。

之行为。[1]胁迫，指以不法加害威胁他人，使其产生恐惧心理，并基于该恐惧心理为意思表示之行为。[2]1985 年《继承法》第 22 条第 2 款规定："遗嘱必须表示遗嘱人的真实意思，受胁迫、欺骗所立的遗嘱无效。"当时的立法采"欺骗"这一表述方式，此次民法典继承编予以修正，以实现民法概念的进一步体系化。

从法律效果上看，受欺诈、胁迫所立遗嘱一概无效。这与民法典总则编对于受欺诈、胁迫订立的法律行为效力的规定存在差异。总则编第 148 条规定："一方以欺诈手段，使对方在违背真实意思的情况下实施的民事法律行为，受欺诈方有权请求人民法院或者仲裁机构予以撤销。"同样的，总则编第 150 条规定："一方或者第三人以胁迫手段，使对方在违背真实意思的情况下实施的民事法律行为，受胁迫方有权请求人民法院或者仲裁机构予以撤销。"在此意义上，本条关于受欺诈、胁迫所立遗嘱一概无效的规定，针对总则编的相关条款成立特别法，排除总则编第 148 条至第 150 条的适用。针对第三人欺诈的情形，总则编第 149 条的规定也无适用余地。

将受欺诈、胁迫所立的遗嘱的法律效果规定为无效，存在历史和现实两方面的原因。从历史角度观察，我国民法最初对于受欺诈、胁迫所立的法律行为的效力采取无效说的观点，例如，1986 年通过的《民法通则》第 58 条将受欺诈、胁迫所立的民事法律行为列为无效民事法律行为的情形之一："下列民事行为无效：（一）无民事行为能力人实施的；（二）限制民事行为能力人依法不能独立实施的；（三）一方以欺诈、胁迫的手段或者乘人之危，使对方在违背真实意思的情况下所为的；（四）恶意串通，损害国家、集体或者第三人利益的；（五）违反法律或者社会公共利益的；（六）经济合同违反国家指令性计划的；（七）以合法形式掩盖非法目的的。无效的民事行为，从行为开始起就没有法律约束力。"除第 6 项"经济合同违反国家指令性计划的"被删除外，这一规定在 2009 年对《民法通则》的修订中被延续下来。1999 年颁布的《合同法》按照损害的对象不同区分了"一方以欺诈、胁迫的手段订立合同，损害国家利益"与"一方以欺诈、胁迫的手段或者乘人之危，使对方在违背真实意思的情况下订

〔1〕 梁慧星：《民法总论》（第五版），法律出版社 2017 年版，第 185 页。
〔2〕 梁慧星：《民法总论》（第五版），法律出版社 2017 年版，第 186 页。

立的合同”，将前者规定为无效合同（1999 年《合同法》第 52 条第 1 项），而将后者规定为可撤销合同（1999 年《合同法》第 54 条第 2 款）。而 2017 年《民法总则》的颁布，则彻底将受欺诈、胁迫订立的法律行为的效力确定为“可撤销”，最终实现了对受欺诈、胁迫订立的法律行为效力认识的转变。这一转变在最高人民法院 2019 年 9 月 11 日通过的《全国法院民商事审判工作会议纪要》（以下简称《九民纪要》）中得到进一步确认：“因民法总则施行后成立的合同发生的纠纷，如果合同法‘总则’对此的规定与民法总则的规定不一致的，根据新的规定优于旧的规定的法律适用规则，适用民法总则的规定。例如……合同法视欺诈、胁迫行为所损害利益的不同，对合同效力作出了不同规定：损害合同当事人利益的，属于可撤销或者可变更合同；损害国家利益的，则属于无效合同。民法总则则未加区别，规定一律按可撤销合同对待。”1985 年《继承法》将受欺诈、胁迫订立遗嘱的效果规定为无效，一定程度上是受到法律制定时对于受欺诈、胁迫订立的法律行为效力的普遍认识的影响后顺理成章的结果。

这一规则在《民法典》修订过程中并未与总则（合同）规则一样被修正为可撤销，则是出于现实的考量。与一般的法律行为相比，遗嘱在生效时间上具有特殊性：遗嘱在订立之后尚不发生效力，要等到被继承人死亡，继承开始时才发生效力；而在继承开始之前，遗嘱对于遗嘱人而言不具有任何法律上的拘束力，根据《民法典》第 1142 条之规定，遗嘱人在生前可以任意撤回已经订立的遗嘱，或另立内容与之抵触的新遗嘱。因此，在遗嘱人（表意人）生前赋予其撤销权，对于遗嘱人而言是没有意义的。而在遗嘱人死后，如果证明遗嘱是受欺诈或胁迫订立的，则此时遗嘱人已经死亡，无法行使撤销权，在这种情况下，存在两种制度构建的可能，一种是将撤销权赋予遗嘱人的继承人，另外一种则如《民法典》之规定，直接宣告遗嘱无效。二者相比，直接宣告遗嘱无效是一种更为简便的解决方案，遗嘱无效之后，遗嘱涉及的财产按照法定继承办理。

（三）伪造的遗嘱无效

伪造的遗嘱，是指虽然以被继承人的名义订立，但是并非被继承人真实意思表示的遗嘱。对于伪造的遗嘱无须考察其是否符合被继承人的推定意思，因为遗嘱毕竟是单方法律行为，其基础在于遗嘱人的意思表示，若遗嘱系伪造而成，则事实上根本不存在遗嘱人的意思表示，遗嘱在理论上的评价应当是“未成立”，《民法典》未对遗嘱未成立进行单独归类，而是统一将其归入“无效”的事由之中。[1]

（四）遗嘱被篡改的，篡改的内容无效

与伪造的遗嘱类似，篡改的遗嘱指虽然以被继承人名义订立，但其内容被他人私自修改的遗嘱。针对篡改之后的内容，遗嘱人事实上并未作出相应的意思表示，因此意思表示不存在，法律行为（遗嘱）不成立，法律在此处将其归入无效事由之中。

二、本条规定之外的遗嘱无效事由

曾有观点认为，1985 年《继承法》第 22 条构成关于遗嘱无效事由的封闭性规定，依据明示列举等于排除其他的规则，除该条规定的事由之外，不存在依其他法条宣告遗嘱无效的法律依据，这一观点随着理论和实践的发展已经被证否，在本条规定之外，遗嘱至少还可能因下列事由而被宣告无效。

（一）违反必留份制度的，抵触部分无效

《民法典》第 1141 条规定：“遗嘱应当为缺乏劳动能力又没有生活来源的继承人保留必要的遗产份额。”遗嘱人在遗嘱中并未给必留份权利人保留足够份额的，遗嘱部分无效，在为必留份权利人划出足够份额之后，剩余的部分可以继续依照遗嘱人在遗嘱中确定的方案进行分配。

（二）遗嘱因不具备法定形式而无效

《民法典》自第 1134 条至第 1139 条规定了遗嘱的法定形式要件，遗嘱不满足法定形式的，原则上无效。

（三）遗嘱因违反法律强制性规定、违反公序良俗而无效

在民法典继承编规定的范围之外，遗嘱还可能因违反法律强制性规定、违反公序良俗而无效，此时应当适用民法典总则编第 153 条之规定宣告遗嘱无效：“违反法律、行政法规的强制性规定的民事法律行为无效。但是，该强制性规定不导致该民事法律行为无效的除外。违背公序良俗的民事法律行为无效。”作为纯粹的财产遗留，遗嘱通常不涉及违反公序良俗与法律强制性规定的问题，但也不能完全排除特殊情况的存在，最典型的例如，对情妇的遗赠便通常属于违反公序良俗的情形，而不问遗嘱人是否给自己的亲人留下了足够的财产份额。在此之外，遗嘱违反法律、违反公序良俗的情形还有可能发生在附条件、附义务遗嘱的情形下。《民法典》第 1144 条规定：“遗嘱继承或者遗赠附有义务的，继承人或者受遗赠人应

[1] 陈苇主编：《婚姻家庭继承法学》（第二版），群众出版社 2012 年版，第 365 页。

当履行义务。没有正当理由不履行义务的，经利害关系人或者有关组织请求，人民法院可以取消其接受附义务部分遗产的权利。”此条肯定了附义务遗嘱的效力，而附条件遗嘱的效力在司法实践中也已得到了普遍的承认。附条件或附义务的遗嘱较为容易触碰法律或公序良俗的边界，例如，遗嘱人在遗嘱中设定：若儿子与儿媳离婚才可继承遗产；或若妻子改嫁，则丧失遗产继承权；又或若女儿改变信仰才可继承遗产等，在这些情形下，虽然遗嘱并不能直接对继承人或受遗赠人形成强制，因为它无法直接为继承人或受遗赠人设定义务，而只是赋予了其选择的权利：在获得遗产与作出违背被继承人意志的行为之间选择，但这样的行为依旧属于违反法律或公序良俗的行为，其原因如下：继承人或受遗赠人的“自愿”并不能排除被继承人“购买”其动机的违法性或悖俗性。以儿子与儿媳离婚才可继承遗产为例，在此情形中，儿子固然可以自由选择放弃继承遗产或者为了继承遗产而抛妻弃子，但这样一种遗嘱的悖俗性并不在于儿子是否因为遗嘱生效而如同负担合同义务一般受到法律上的“强制”，其悖俗性在于被继承人试图以遗产为诱饵间接诱导儿子选择离婚。换言之，其悖俗性并不在于儿子的视角（是否离婚），而在于被继承人的视角，即其为遗嘱设定条件或义务是否有某种道德上应受非难的动机，从而导致该行为违反公序良俗。这种以财产购买他人改变或维持某种人身关系（例如婚姻、收养等）的行为，以财产干涉他人信仰的行为，包括以财产购买他人政治立场的行为均有可能触碰公序良俗的边界，但对于此种行为不能一概而论，例如，出于美好意愿希望儿子维持婚姻而订立的附条件遗嘱，便不应因“干涉婚姻自由”而陷于无效——儿子的婚姻自由确实并未受到限制，而遗嘱人的动机也不具有道德上的可非难性。又如若妻子改嫁，则丧失遗产继承权的遗嘱违背公序良俗而无效，其原因亦非妻子的婚姻自由受到限制，而是此种希望以财产换取妻子为自己守寡的动机具有道德上的可非难性，这样一种诱导是对妻子人格尊严的物化和贬低，因此该遗嘱无效。

（四）遗嘱处分了不属于遗产的财产的，无权处分的部分无效

被继承人有可能在遗嘱中处分了不属于自己遗产的财物，此时并不适用无权处分的“效力待定，等待权利人追认”的规则，因在继承案件中此种效力待定并无实际意义。1985 年《继承法意见》第 38 条规定：“遗嘱人以遗嘱处分了属于国家、集体或他人所有的财产，遗嘱的这部分，应认定无效。”这一条文虽然未被明文写入《民法典》，但其规则在《民法典》

施行期间不应改变。

【对照适用】

该条规定源于原《继承法》第22条，第22条有四款规定，其规则分别被本条的四款规定所涵盖。在措辞上，本条将原第22条第1款的“无行为能力人或者限制行为能力人”改为“无民事行为能力人或者限制民事行为能力人”；将第22条第2款的“胁迫、欺骗”改为“欺诈、胁迫”。

第一千一百四十四条 遗嘱继承或者遗赠附有义务的，继承人或者受遗赠人应当履行义务。没有正当理由不履行义务的，经利害关系人或者有关组织请求，人民法院可以取消其接受附义务部分遗产的权利。

【要义精解】

本条是关于附义务遗嘱的规定，遗嘱人或遗赠人可以为遗嘱或遗赠施加义务，如果继承人或受遗赠人选择接受继承或遗赠，那么便应当履行义务。

一、法律表述的精确化

遗嘱可以附义务，此为自1985年《继承法》以来学界通识。1985年《继承法》第21条规定：“遗嘱继承或者遗赠附有义务的，继承人或者受遗赠人应当履行义务。没有正当理由不履行义务的，经有关单位或者个人请求，人民法院可以取消他接受遗产的权利。”本条基本上继承了原《继承法》第21条的规定，又在第21条的基础上对相应规则予以规范化。例如，在义务不履行的情况下，有权请求人民法院取消其接受附义务部分遗产的权利的主体由“有关单位或个人”变为“利害关系人或者有关组织”，在法律关系上更为明确。将原本的“取消他接受遗产的权利”精确为“取消其接受附义务部分遗产的权利”。

二、附义务遗嘱的履行不能与不履行

附义务遗嘱的不履行会导致法院取消继承人或受遗赠人接受附义务部分遗产的权利，但其附加前提为“没有正当理由不履行义务”。此处需要解释何为“没有正当理由”。首先，遗嘱所附义务应当是可以履行的义务。履行不能的情形可能包括法律上或者事实上不能履行，其典型情形例如，被继承人在遗嘱中附加义务，继承祖传店铺的人必须将祖传野味店经营下去，但在经营数年后野生动物被禁止食用；或者被继承人在遗嘱中附加义务，继承房屋的儿子必须与其母亲（被继承人的妻子）共同居住其中，并照料母亲的日常起居，儿子愿意履行该义务，但母亲却执意独居，导致义务无法履行。其次，履行不能的出现不能是继承人或受遗赠人故意导致的。如果继承店铺的继承人故意怠于经营，导致店铺濒临倒闭，则属于无正当理由不履行义务的情形；又如被继承人在遗嘱中设定义务，继承房产者必须照顾房子中收留的20只流浪猫，继承人故意不妥善饲养，导致流浪猫纷纷死亡，亦属于无正当理由不履行义务的情形。

三、不履行的法律后果

根据本条规定，继承人或受遗赠人无正当理由不履行遗嘱中附加的义务，经利害关系人或者有关组织请求，人民法院可以取消其接受附义务部分遗产的权利。本条并未回答的是在人民法院剥夺该继承人接受附义务部分遗产的权利之后，这部分遗产究竟应当如何处理。

需要进一步追问的是，如果继承人或受遗赠人无正当理由不履行遗嘱中附加的义务，被人民法院依法取消其接受附义务部分遗产的权利，那么其已经从遗产中获得的利益，是否需要交出，向谁交出？本文认为，人民法院剥夺该继承人接受附义务部分遗产的权利不具有溯及力，原则上该继承人或受遗赠人依旧有权享有其占有遗产期间所获用益，而无须交出用益。但若因该继承人或受遗赠人故意保管不善，造成遗产毁损、灭失或价值降低的，该继承人或受遗赠人应当向在其后接受遗产履行义务的继承人予以补偿。

四、附义务与附条件遗嘱

《民法典》明确承认了遗嘱可以附义务，但对于遗嘱是否可以附条件并未明确作出规定。对于遗嘱是否可以附条件，理论上存在争议。有观点主张应当区分生效条件与解除条件，遗嘱可以附加生效条件而不能附加解除条件，因为解除条件会使遗产的状态陷入不确定之中。[1]但主流意见对遗嘱附条件持赞成态度，[2]实践中也不乏承认附条件遗嘱效力的实例。本文认为，应当承认附条件遗嘱的有效性，而无须区分所附条件为生效条件或解除条件，因为给法律行为附条件的意义本身就在于是法律行为生效与否取决于“不确定”的事件，所以无论是附解除条件还是生效条件，都必

---

〔1〕 李岩：《遗嘱制度论》，法律出版社2013年版，第222页。

〔2〕 李红玲：《论附条件遗嘱的调整规则》，载《法学》2018年第11期，第86页。

然会使遗产的状态陷入不确定之中，这是附条件民事法律行为的本质决定的。而且生效条件和解除条件的界限在实践中可能异常模糊。例如，被继承人立下遗嘱，名下房产由大儿子继承，但如果小儿子在三年内有孩子出生，则应当分一套房产给小儿子，后小儿子真的在第二年喜获一子，则其可以依据遗嘱继承一套房产。此时这份遗嘱便呈现双重性质：对于大儿子而言，该遗嘱就分给小儿子的那套房产附加了“解除条件”，一旦条件成就，大儿子失去对该房产的继承权；对于小儿子而言，该遗嘱就争议房产附加了“生效条件”，条件成就，小儿子依据该遗嘱获得了争议房产的继承权——在被继承人指定了后位继承人的情形下，该遗嘱一定同时具备“解除条件”与“生效条件”的特质。当然，也存在解除条件与生效条件泾渭分明的情形：若被继承人立下遗嘱，名下房产由儿子继承，但若儿子没有考上大学，则丧失该房产的继承权。此时遗嘱所附为单纯的解除条件，条件成就，则遗嘱不发生效力，该房产应当依法定继承规则办理。

附条件遗嘱与附义务遗嘱的界限很多时候并不清晰，实践中也不乏将其混淆的情形。从表象上看，附条件遗嘱和附义务遗嘱十分相近，其区别似乎仅在于所附条件的成就是否需要继承人或受遗赠人自身为或不为一定行为，如果需要继承人或受遗赠人为或不为一定行为，那么该遗嘱便为附义务遗嘱，若所附条件完全取决于继承人（或受遗赠人）以外的因素，那么该遗嘱便为附条件遗嘱；此外，对于附条件遗嘱而言，无论遗嘱附生效条件还是解除条件，条件成就之后的法律效果都是确定的——或者由后位继承人继承，或者按法定继承办理。这些表象并未触及附条件与附义务遗嘱的实质，决定某一遗嘱究竟是附条件遗嘱还是附义务遗嘱的，应当是被继承人的真实意思，被继承人究竟是想要指定确定的继承人或受遗赠人，但令该继承人或受遗赠人承担义务，还是为遗产的延续设定条件，但并不执着于将遗产交托于某一特定的继承人。若为前者情形，则该遗嘱为附义务遗嘱，此时被继承人将遗产交托于且仅交托于特定继承人或受遗赠人的意愿是清晰的，在继承人或受遗赠人的指定问题上，被继承人未考虑第二选择，即未考虑“若该继承人或受遗赠人不履行义务，由谁替补”的问题；若为后者情形，则该遗嘱为附条件遗嘱，对于被继承人而言，继承人或受遗赠人或许是承接遗产的最佳选择，但并非唯一选择，特别是当被继承人直接明确指定了后位继承人时，该遗嘱确定为附条件遗嘱。对于被继承人真实意思的判断，应当遵循民法典总则编第142条第2款的规定：“无相对人的意思表示的解释，不能完全拘泥于所使用的词句，而应当结合相关条款、行为的性质和目的、习惯以及诚信原则，确定行为人的真实意思。”在实践中，所谓“附义务遗嘱”通常表现为被继承人为遗嘱附加扶养义务，扶养的对象或为被继承人自己，或为某个与被继承人关系亲近之人（例如遗孀）。[1]但其实前一种实际构造与遗赠扶养协议类似的情形并非附义务遗嘱，而是附条件遗嘱，因为继承人获得遗产是以其履行“义务”为前提的，此种情形下，虽然该给付通常被称为一种义务，但实际上遗嘱的效力完全取决于该给付是否发生，从实质上看是附条件的遗嘱。[2]

区分附条件遗嘱与附义务遗嘱的最主要意义在于二者的法律效果不同。附条件遗嘱的条件成就或不成就，决定的是遗嘱内容生效与否，换言之，其遗产的承接者，终究还是由遗嘱决定的，在遗嘱没有决定的时候（例如单纯附解除条件的遗嘱），则由法定继承人承受；而附义务遗嘱的处理方式则截然不同，若继承人或受遗赠人没有正当理由不履行义务的，经利害关系人或者有关组织请求，是由人民法院取消其接受附义务部分遗产的权利，而在取消其继承该部分遗产的权利之后，并非依照遗嘱无效的规则按法定继承办理，而是“由提出请示的继承人或受益人负责按遗嘱人的意愿履行义务，接受遗产”。从这个意义上讲，当被继承人在遗嘱中对遗产的后续命运作出了可推知的安排时，应当优先遵从被继承人的意志，而不应按照附义务遗嘱的规则，由提起诉讼的利害关系人承接遗产。

【对照适用】

该条规定源于原《继承法》第21条，其规则大体上与原第21条一致。在措辞上，本条将原第21条的“有关单位或者个人”改为“利害关系人或者有关组织”；将原第21条的“他接受遗产”精确到“其接受附义务部分遗产”。

---

〔1〕曹某廷与曹某成恢复原状纠纷上诉案，河北省廊坊市中级人民法院（2015）廊民一终字第405号民事判决书；崔某甲等与崔某丙等继承纠纷上诉案，辽宁省大连市中级人民法院（2015）大民一终字第39号民事裁定书；王某诉关某遗嘱继承纠纷案，北京市密云区人民法院（2018）京0118民初220号民事判决书。

〔2〕王某1、杜某法定继承纠纷再审案，河北省高级人民法院（2019）冀民申9734号民事裁定书。

第四章　遗产的处理

第一千一百四十五条　继承开始后，遗嘱执行人为遗产管理人；没有遗嘱执行人的，继承人应当及时推选遗产管理人；继承人未推选的，由继承人共同担任遗产管理人；没有继承人或者继承人均放弃继承的，由被继承人生前住所地的民政部门或者村民委员会担任遗产管理人。

【要义精解】

本条为遗产管理人制度的基本规范，规定了遗产管理人的基本选任规则。《民法典》颁布之前，1985 年《继承法》中并未规定遗产管理人制度，该法第 23 条规定："继承开始后，知道被继承人死亡的继承人应当及时通知其他继承人和遗嘱执行人。继承人中无人知道被继承人死亡或者知道被继承人死亡而不能通知的，由被继承人生前所在单位或者住所地的居民委员会、村民委员会负责通知。"该条通过确立率先知道被继承人死亡的继承人"通知"其他继承人以及遗嘱执行人的义务来解决相关问题，但是对于率先知道被继承人死亡的继承人在通知之外是否承担其他责任、遗产的分割是否有人负责执行等问题并未明确规定。该条在《民法典》第 1150 条中被延续下来。

1985 年《继承法》中关于遗产执行问题并非完全没有规定，该法第 16 条第 1 款规定："公民可以依照本法规定立遗嘱处分个人财产，并可以指定遗嘱执行人。"因此，在 1985 年《继承法》中，存在遗嘱执行人制度，但在被继承人未立遗嘱的情况下，遗产的分割、遗产债务、税收的偿还与清缴等问题由谁负责处理，在旧法制度中并不清晰。本条规定确立了遗产管理人制度，填补了旧法关于遗产管理问题规定上的空白。

一、遗嘱执行人为遗产管理人

本条引入遗产管理人作为遗嘱执行人的上位概念，《民法典》第 1133 条第 1 款规定："自然人可以依照本法规定立遗嘱处分个人财产，并可以指定遗嘱执行人。”被继承人订立了遗嘱，并且指定了遗嘱执行人的，由遗嘱执行人担任遗产管理人。遗产管理人不一定是被继承人的法定继承人，法定继承人以外的人，例如朋友、律师等，也可以成为遗产管理人。本条一方面解决的是在被继承人未直接指定遗产管理人的情形下，遗产管理人的确定问题；而从另一方面看，该问题在实践中可能转化为“谁有权指定或决定遗产管理人”的问题。那么根据本条第 1 句的规定，被继承人首先对于遗产管理人有第一位的决定权，被继承人在遗嘱中指定了遗嘱执行人的，遗嘱执行人便为遗产管理人。

二、继承人推选遗产管理人

在实践中，很多时候被继承人并未订立遗嘱，或者虽然订立遗嘱，却未指定遗嘱执行人。此种情形下，继承人应当及时推选遗产管理人。此处的继承人所指的应当是根据法定继承规则或者根据遗嘱有资格获得遗产的继承人，即拥有继承既得权的继承人。换言之，根据本条规定，受遗赠人无权推选遗产管理人，在法定继承的情形下，存在第一顺位法定继承时，第二顺位法定继承人无权推选遗产管理人。

本条对规则的基础设计为：存在遗嘱执行人，便由遗嘱执行人充当遗产管理人，不存在遗嘱执行人，则由继承人推选。但此处并未回答的是：如果被继承人并未通过遗嘱处分全部财产，继承开始后，既存在遗嘱、遗赠，又存在法定继承时，应当如何？仅从法条文义分析似可得出以下结论：法条并未对继承开始之后是否存在遗嘱继承与法定继承并存的情形进行细致区分，因此只要存在遗嘱执行人，遗嘱执行人便为全部遗产的遗产管理人。然而如果设想以下情形，则此种不加区分的涉及可能会引发困惑：被继承人甲有五套房产，一个注册资本 8000 万元的有限责任公司，甲在其中持有 80% 的股权，有两个儿子，一个女儿，原配妻子早亡，甲临终前两年与乙再婚。为保障自己死亡后乙的生活质量，避免未来子女与乙之间发生财产争议，甲立下遗嘱，自己死后由乙继承其在某一银行账户上存入的 500 万元现金及五套房产中的一套，并写明对于其他遗产，乙无权参与分配，乙自己为该遗嘱的执行人。但是对于其他遗产的分配，甲并未立下遗嘱，而仅在口头上对三个儿女作了交代。那么此时乙是否可以基于遗嘱执行人的身份进而获得遗产管理人的身份，从而主持遗产的分割？此时甲已经通过遗嘱明确排除了乙对于遗嘱之外的遗产的继承权，但是乙又确实是“遗嘱执行人”，那么乙是否有权去管理那些甲明确表示不希望其过问的遗产呢？或者如果甲委托了律师丙作为遗嘱执行人保障该份遗嘱的实现，丙是否有权基于此份遗嘱的遗嘱执行人身份去管理甲的其他遗产呢？答案应当是否定的，本条的规则应当理解为，有遗嘱执行人的，遗嘱执行人在遗嘱所处分的遗产范围内充当遗产管理人，如果还有遗产需要通过法定继承处理，则应当由对法定继承部分遗产拥有继承权的法定继承人推选遗产管理人，如果遗嘱执行人同时依据法定继承规则获得了该部分遗产的继承既得权，那么他们亦有资格进行推选。

实践中也可能发生继承人均怠于推选遗产管理人的情形，此时根据本条第 3 句规定，继承人未推选的，由继承人共同担任遗产管理人。此时继承人应当共同执行管理事务，并且共同承担相应责任。

三、民政部门或者村民委员会担任遗产管理人

对于无主遗产，本条亦作出了相应规定："没有继承人或者继承人均放弃继承的，由被继承人生前住所地的民政部门或者村民委员会担任遗产管理人。"与之对应的，1985 年《继承法》第 23 条规定："继承开始后，知道被继承人死亡的继承人应当及时通知其他继承人和遗嘱执行人。继承人中无人知道被继承人死亡或者知道被继承人死亡而不能通知的，由被继承人生前所在单位或者住所地的居民委员会、村民委员会负责通知。"比较两条规定不难发现其中的变化：1985 年《继承法》第 23 条处理的不是无主遗产问题，不是"没有继承人"或者"继承人均放弃继承"情形下遗产的处理，而是有继承人的前提下，继承人中无人知晓被继承人死亡，或者虽然知晓被继承人死亡，但因为客观情况无法通知其他继承人和遗嘱执行人的问题。其原因在于 1985 年《继承法》第 23 条本身的立足点并非遗产管理制度，而是继承人的"通知义务"。

所谓没有继承人，被继承人没有法定继承人的情形，本条规定没有继承人或者继承人均放弃继承的，由被继承人生前住所地的民政部门或者村民委员会担任遗产管理人，这意味着法定继承的情形中，酌分遗产人不能自动成为遗产管理人。根据《民法典》第 1127 条至第 1129 条的规定，法定继承人可能包括配偶、子女、父母、兄弟姐妹、祖父母、外祖父母以及对公婆或岳父母尽了主要赡养义务的丧偶儿媳、丧偶女婿。

所谓继承人均放弃继承，是指依据《民法典》第 1124 条第 1 款规定："继承开始后，继承人放弃继承的，应当在遗产处理前，以书面形式作出放弃继承的表示；没有表示的，视为接受继承。"继承人可以以书面形式表示放弃继承，从而摆脱继承带来的诸如偿还遗产债务、拖欠税款等相关义务对自身的拖累。如果所有继承人均放弃继承，那么此时由住所地的民政部门或者村民委员会担任遗产管理人，负责遗产债务、税款的清偿问题。

法律没有明确规定但同样需要予以说明的是全部继承人丧失继承权的情形。依据《民法典》第 1125 条第 1 款的规定，继承人有下列行为之一的，丧失继承权：故意杀害被继承人；为争夺遗产而杀害其他继承人；遗弃被继承人，或者虐待被继承人情节严重；伪造、篡改、隐匿或者销毁遗嘱，情节严重；以欺诈、胁迫手段迫使或者妨碍被继承人设立、变更或者撤回遗嘱，情节严重。此种情形并非本条第 3 句所规定的“没有继承人”或“继承人均放弃继承”的情形，而是独自构成一种案例类型，即全部继承人丧失继承权的情形。如果发生此种情形，则应当类推本条第 3 句的规定，由住所地的民政部门或者村民委员会担任遗产管理人，负责遗产债务、税款的清偿问题。

【对照适用】

该条文属于民法典继承编新增规定，原《继承法》无相关法律规定。

第一千一百四十六条　对遗产管理人的确定有争议的，利害关系人可以向人民法院申请指定遗产管理人。

【要义精解】

本条规定了遗产管理人的诉讼确定方式。为了解决实践中可能出现的对于遗产管理人的确定久拖未决的问题，从而将责任明晰到具体的人，利害关系人可以向人民法院申请指定遗产管理人。

首先，需要处理的是本条与《民法典》第 1145 条之间的关系。从规则的周延性上看，第 1145 条似乎已经就遗产管理人的选定形成了时间上周延的规则：（1）有遗嘱执行人的，遗嘱执行人是遗产管理人；（2）没有遗嘱执行人时，可能存在两种情况，一种是继承人推选出遗产管理人，另一种是未推选的时候，所有继承人共同担任遗产管理人，此时当然也包括推选不出来的情况；（3）没有继承人或者继承人均放弃继承的，由被继承人生前住所地的民政部门或者村民委员会担任遗产管理人。由此可见，从纵向的时间线上来看，实际上是不存在遗产无遗产管理人的空白时期的，在遗产管理人经推选确定之前，所有继承人共同担任遗产管理人。既然遗产管理人缺位的情形从未出现，那么本条的意义究竟何在？本文认为，本条规则并非对于第1145条漏洞的填补，二者形成的并非相互配合、连结为一个整体的关系，而是本条规则形成对第1145条确定规则的替代。此时涉及两个方面问题：（1）本条的规则何时可以介入？在有遗嘱执行人的情况下，利害关系人是否还可以依据本条提起诉讼请求指定遗产管理人？是否必须等到继承人之间经过协商且协商未成之后，利害关系人才能起诉？如果利害关系人在继承人来不及充分协商的时候就提起诉讼，是否架空了第1145条关于“没有遗嘱执行人的，继承人应当及时推选遗产管理人”的规定？本文认为，本条的适用并不受到继承人协商过程的限制，本条规定的构成要件是“对遗产管理人的确定有争议的”，因此无论是否存在遗嘱执行人，继承人之间是否已经对遗产管理人的确认进行了充分的商谈推举，只要利害关系人对遗产管理人的确定存在争议，便可以起诉。（2）法院指定遗产管理人，是否受到第1145条规则的制约？本条规定的意旨在于允许利害关系人通过诉讼确定遗产管理人，从表面上看，似乎并未提供实际意义上的遗产管理人确定规则，即何人有资格、应当以何种依据成为遗产管理人。本文认为，法院在指定遗产管理人时，应当在探明被继承人可能存在的真实意思的基础上，综合客观情况指定最有能力进行遗产管理的继承人作为遗产管理人，而无须受到第1145条的规制。因为在当事人对遗产管理人存在争议时，本身就意味着第1145条在实际运行中可能面临僵局，此时法院应当按照有利于遗产快速、妥善分割的原则指定遗产管理人，而无须囿于第1145条的规定。例如，被继承人已经指定了遗嘱执行人，但其通过遗嘱处分的财产仅为全部遗产的九牛一毛，那么此时该遗嘱执行人未必适宜充当全部遗产的遗产管理人，法院则可以指定全部继承人推选出的人作为遗产管理人，或者在继承人无法推选出遗产管理人时，直接进行指定。

其次，利害关系人指的是对遗产的分割有经济上利益关系的人。利害关系人包含获得继承既得权的遗嘱继承人、获得继承既得权的法定继承人、遗赠中的受遗赠人、遗赠扶养协议中的扶养人，以及依酌分遗产制度等本法继承编的其他规则有资格分得遗产的人。除此之外，遗嘱继承人、法定继承人、受遗赠人的配偶基于夫妻共同财产制也属于利害关系人，因为根据《民法典》第1062条规定，“夫妻在婚姻关系存续期间所得的下列财产，为夫妻的共同财产，归夫妻共同所有：……（四）继承或者受赠的财产，但是本法第一千零六十三条第三项规定的除外……”，除非遗嘱中确定只归夫妻一方，否则，基于继承或受遗赠所得的财产是夫妻共同财产，尤其是在离婚的情形下，其配偶对于财产的分割尤其具有利害关系。《最高人民法院关于适用〈中华人民共和国婚姻法〉若干问题的解释（三）》（现已失效，以下简称《婚姻法解释（三）》）第15条所处理的便是此种情形：“婚姻关系存续期间，夫妻一方作为继承人依法可以继承的遗产，在继承人之间尚未实际分割，起诉离婚时另一方请求分割的，人民法院应当告知当事人在继承人之间实际分割遗产后另行起诉。”此外遗产债权人、继承人、受遗赠人的债权人、债务人，共同经营的合伙人等，也属于利害关系人的范畴。

最后，法院指定遗产管理人后，由法院指定的遗产管理人执行遗产管理事务，并依据《民法典》规定承担责任。《民法典》第1148条规定：“遗产管理人应当依法履行职责，因故意或者重大过失造成继承人、受遗赠人、债权人损害的，应当承担民事责任。”

【对照适用】

该条文属于民法典继承编新增规定，原《继承法》无相关法律规定。

第一千一百四十七条　遗产管理人应当履行下列职责：

（一）清理遗产并制作遗产清单；

（二）向继承人报告遗产情况；

（三）采取必要措施防止遗产毁损、灭失；

（四）处理被继承人的债权债务；

（五）按照遗嘱或者依照法律规定分割遗产；

（六）实施与管理遗产有关的其他必要行为。

【要义精解】

本条是关于遗产管理人法定职责的规定。其中第1项至第5项规定了遗产管理人通常的基本职责，第6项作为兜底性规定，为容纳实践中出现的特殊情形预留了解释的空间。

遗产管理人有责任实施与管理遗产有关的必要行为，这些行为可能包括下列事项。

一、清理遗产并制作遗产清单

清理遗产，是指查明遗产的名称、种类、数量、所处地点、市场价值、所处状态等有关情况。在查明了遗产状况之后，遗产管理人应当制作遗产清单，确认遗产范围，并且将遗产清单向继承人进行告知和披露。

二、向继承人报告遗产情况

在查清遗产状态之后，遗产管理人应当向继承人如实、全面地报告遗产状况。继承人有权就遗产状况向遗产管理人进行询问，遗产管理人对于其已知的信息，应当予以披露，对于其未知但为履行职责而应当知晓的信息，遗产管理人应当主动获取之后进行披露。

三、采取必要措施防止遗产毁损、灭失

遗产管理人应当妥善管理遗产，当遗产存在毁损、灭失的危险时，遗产管理人应当及时采取措施以防止遗产毁损、灭失。

四、处理被继承人的债权债务

遗产管理人应当处理被继承人的债权债务，对于届期债权，遗产管理人应当且有权予以实现；对于届期债务，遗产管理人应当且有权从遗产价值中予以偿还。对于被他人非法占有的遗产，遗产管理人有权予以取回。在存在遗赠扶养协议时，依据《民法典》第1123条的规定，遗赠扶养协议的效力优先于遗嘱继承、遗赠以及法定继承，遗产管理人应当对遗赠扶养协议优先办理。

五、按照遗嘱或者依照法律规定分割遗产

遗产管理人应当按照遗嘱或者依照法律规定分割遗产。在存在遗嘱的情况下，遗产管理人应当审查遗嘱的合法性、有效性。具备《民法典》第1143条规定情形的遗嘱、违反法律强制性规定和公序良俗的遗嘱、不具备《民法典》第1134条至第1139条规定的形式要件的遗嘱都属于无效遗嘱，在此之外，违反《民法典》第1141条必留份规定的遗嘱，其与必留份相抵触的部分无效。在存在多份内容冲突的遗嘱时，还须依据第1142条的规则确定最终发生效力的遗嘱。在不存在遗嘱的情况下，则应当依据法定继承规则分割遗产。对于无主遗产，则应当按照《民法典》第1160条的规定处理："无人继承又无人受遗赠的遗产，归国家所有，用于公益事业；死者生前是集体所有制组织成员的，归所在集体所有制组织所有。"

六、实施与管理遗产有关的其他必要行为

遗产管理人的职责还包括实施与管理遗产有关的其他必要行为，依据本条规定，在第1项至第5项列举的行为之外，如果某一行为对于管理遗产而言是必要的，那么遗产管理人亦应当且有权实施。

【对照适用】

该条文属于民法典继承编新增规定，原《继承法》无相关法律规定。

第一千一百四十八条　遗产管理人应当依法履行职责，因故意或者重大过失造成继承人、受遗赠人、债权人损害的，应当承担民事责任。

【要义精解】

本条是关于遗产管理人履行职责不当，给继承人、受遗赠人、债权人损害的情况下责任承担的规定。

依据本条规定，遗产管理人仅对因故意或者重大过失给继承人、受遗赠人、债权人造成的损害负责，这意味着遗产管理人因一般过失或轻过失给继承人、受遗赠人、债权人造成损害的，可以依据本条主张免除责任。

遗产管理涉及的问题范围广泛，需要处理的遗产也存在各种不同的性质与样态，特别是在无偿的遗产管理的情形下，如果因为遗产管理人的一般过失与轻过失便对其施以赔偿责任，可能会对遗产管理人的管理能力提出过高的要求，也会使得非专业的遗产管理人（例如没有专业能力的继承人）因担心承担赔偿责任而不愿担任遗产管理人。将赔偿责任限制在故意和重大过失的情况下，令遗产管理人仅承担所有人处于相同位置都必须承担的注意义务，增强了该制度的可行性。

但是，在有偿的遗产管理的情形下，如果遗产管理人对自身的专业能力作出了特殊的保证，使被继承人或继承人信赖其管理能力而指定其为遗产管理人，对遗产管理事务约定了合理对价，那么此时基于此种特殊的信赖，遗产管理人可能例外地对自身的一般过失承担赔偿责任。

【对照适用】

该条文属于民法典继承编新增规定，原《继承法》无相关法律规定。

第一千一百四十九条 遗产管理人可以依照法律规定或者按照约定获得报酬。

【要义精解】

本条是关于遗产管理人报酬请求权的规定。在法律有规定或当事人之间有约定的情况下，遗产管理人可以请求报酬。

依据本条规定，在法律有规定或当事人之间有约定的情况下，遗产管理人可以请求报酬。遗产管理人执行遗产管理事务，以无偿为原则，有偿为例外，在法律没有规定或当事人之间没有约定的情况下，遗产管理为无偿行为。

【对照适用】

该条文属于民法典继承编新增规定，原《继承法》无相关法律规定。

第一千一百五十条 继承开始后，知道被继承人死亡的继承人应当及时通知其他继承人和遗嘱执行人。继承人中无人知道被继承人死亡或者知道被继承人死亡而不能通知的，由被继承人生前所在单位或者住所地的居民委员会、村民委员会负责通知。

【要义精解】

本条是关于继承人通知义务的规定。本条延续了 1985 年《继承法》第 23 条的规定，为先发现被继承人死亡的继承人设定了通知义务。

《民法典》第 1121 条第 1 款规定："继承从被继承人死亡时开始。"但是继承开始后，未必所有有资格获得遗产的人都能够及时得知继承开始的事实，例如，继承人与被继承人并非在同一处居住，甚至不在同一城市、同一国家，也就可能无法及时得知被继承人离世的消息。而遗嘱执行人也未必能够及时得知被继承人的死讯，特别是当被继承人指定了亲属以外的人作为遗嘱执行人的时候。在此种情形下，知道被继承人死亡的继承人应当及时通知其他继承人和遗嘱执行人。

根据本条规定，通知义务的义务人为"知道被继承人死亡的继承人"。

首先，该义务人须为被继承人的继承人，此处的继承人所指为法定继承人，而不问其是否确定获得继承权。其次，该义务的产生以继承人知晓被继承人死亡为前提。如果继承人根本不知道被继承人死亡的事实，则无从通知，也就不负任何通知义务。最后，义务人数量可能为复数。这意味着有继承人在先获悉被继承人死亡的事实，并不免除在其后获悉此事的继承人对其他不知晓该消息的继承人以及遗嘱执行人承担通知义务。继承人自知晓继承开始的一刻起，便承担了通知其他不知情的继承人以及遗嘱执行人的义务。至于遗嘱执行人，执行遗嘱原本就是遗嘱执行人的责任，通知继承人以及受遗赠人是其自身职责，因此遗嘱执行人并非本条的“通知义务”规定的义务主体。

继承人中无人知道被继承人死亡或者知道被继承人死亡而不能通知的，由被继承人生前所在单位或者住所地的居民委员会、村民委员会负责通知。如果被继承人离世时所有继承人均未在身边，对被继承人过世的消息并不知晓，那么一旦被继承人生前所在单位或者住所地的居民委员会、村民委员会知晓相关情况，则应当履行通知义务，通知继承人以及遗嘱执行人被继承人的死讯。所谓知道被继承人死亡而不能通知，可能包含多种情况：本条规定的通知行为属于准法律行为，因此无民事行为能力人和限制民事行为能力人无法进行通知，也不会因怠于通知而承担法律上的责任。此外，继承人可能虽然知晓被继承人死亡，但是却并无其他继承人的联系方式，或者并不知晓其他继承人的存在（例如私生子），则不承担任何针对后者的通知义务。最后，如果通信手段有限，导致知晓此事的继承人无法通知的，亦属于“不能通知”的情形。

根据本条规定，通知义务的履行对象为其他继承人和遗嘱执行人。本条未将包括受遗赠人、遗赠扶养协议的扶养人在内的其他有权获得遗产的人规定在内，是因为通知这些人原本是遗产管理人的责任。本条通知义务圆满履行所应达成的效果并非全部有可能从遗产中获得利益的相关主体都得到通知，而是依据第 1145 条规定为了推选遗产管理人所需的继承人都得到通知为准，因为只要能够产生遗产管理人，那么接下来的通知便属于遗产管理人的责任范畴——包括在未推举出特定的遗产管理人时全部继承人为遗产管理人的情形。因此，从法条的体系关系上来看，本条的通知义务的履行实际上是《民法典》依据第 1145 条产生遗产管理人或遗产管理人履行职责的前提——在遗嘱执行人为遗产管理人时，遗嘱执行人需要先知晓被继承人死亡的事实才有可能进行管理；而在无遗嘱执行人时，则需要通知到所有继承人，要么由继承人推选出遗产管理人，要么由全体继承人共同担任遗产管理人。

【对照适用】

该条规定源于原《继承法》第23条，与原条文内容一致，没有修改。

第一千一百五十一条　存有遗产的人，应当妥善保管遗产，任何组织或者个人不得侵吞或者争抢。

【要义精解】

《民法典》第1121条第1款规定："继承从被继承人死亡时开始。"继承开始之后，全体继承人对遗产成立概括地共同共有，直到遗产分割完毕，继承人才分别获得自己按照遗嘱或法定继承规则分配之后针对特定遗产的所有权。而从继承开始到遗产分割完毕可能会持续较长时间，在这段时间里，必然存在遗产的保管问题。本条规定，存有遗产的人，应当妥善保管遗产，任何组织或者个人不得侵吞或者争抢，其目的在于保护继承人、受遗赠人以及遗产债权人的利益，避免因争抢遗产或遗产保管不善而造成的损失。

遗产保管人是指负责对遗产进行保存、管理的人。1985年《继承法》第24条便有此规定："存有遗产的人，应当妥善保管遗产，任何人不得侵吞或者争抢。"《民法典》颁布前，既有文献中对于遗产保管人职责的理解与《民法典》规定的遗产管理人的职责有所重合，其原因主要在于解释者意图在遗产管理人制度缺位的情况下，通过对"遗产保管人"这一制度的构建部分实现遗产管理人制度的功能。但《民法典》颁布后，遗产管理人与遗产保管人应当从功能、职责上区分开来，前者的职责主要是对遗产进行妥善的清算和分割，而后者的职责则在于对遗产进行妥善保管。

依据本条规定，与遗产管理人不同，遗产保管人的产生并非基于遗嘱或继承人推选或法院指定，而是基于当事人"存有"遗产的事实。简而言之，遗产在谁"手中"，谁就对遗产具有现实的管理力，谁就是遗产保管人。在此之外，原《继承法意见》第44条规定："人民法院在审理继承案件时，如果知道有继承人而无法通知的，分割遗产时，要保留其应继承的遗产，并确定该遗产的保管人或保管单位。”

遗产保管人应当妥善保管遗产，等待遗产分割完毕之后将遗产交出或获得遗产所有权。遗产保管人有权在为妥善保存遗产所需的必要的范围内对遗产进行处置，但若其行为超出了为妥善保存遗产所需的必要的范围，则应当承担损害赔偿责任。

【对照适用】

该条规定源于原《继承法》第24条，与原条文大体保持一致。在内容上，本条将第24条的“任何人”改为“任何组织或者个人”，其余没有变化。

第一千一百五十二条　继承开始后，继承人于遗产分割前死亡，并没有放弃继承的，该继承人应当继承的遗产转给其继承人，但是遗嘱另有安排的除外。

【要义精解】

本条是关于转继承的规定。转继承又称再继承、转归继承、连续继承，是指继承开始之后、遗产分割之前，继承人便死亡的情况下，其遗产再次发生继承的情形。

究其性质，转继承并非一项特殊制度，而是继承关系自然发展演变的应有之义：继承开始之后，继承人已经获得了遗产的继承权，该继承权为继承既得权，并且该继承人在遗产物权状态上与其他继承人一起对遗产成立共同共有，只待遗产分割后获得针对特定遗产的所有权。此时的继承人已经取得了财产权，只待分割。此时若继承人死亡，则其分割之后可得的份额构成《民法典》第1122条规定的“自然人死亡时遗留的个人合法财产”，从而构成此死亡继承人的遗产，因而再次发生继承。因此转继承人所继承的，是死亡的继承人的遗产，而非被继承人的遗产。

转继承需要具备两个条件，一个条件是继承开始后，继承人于遗产分割前死亡；另一个条件是继承人未丧失继承权也未放弃继承权。第一，继承开始后，继承人于遗产分割前死亡。只有继承人在继承开始后、遗产分割前的时间内死亡，才发生转继承问题。如果继承人在遗产分割后死亡，那么此时继承人已经获得了特定遗产的所有权，基于被继承人死亡而发生的整个继承程序进行完毕，不存在法律进行特别说明的必要。如果继承人在被继承人之前死亡，在遗嘱继承的情况下，根据《民法典》第 1154 条第 3 项的规定，遗嘱涉及的遗产按法定继承办理；在法定继承的情况下，则可能依据《民法典》第 1128 条之规定发生代位继承问题：“被继承人的子女先于被继承人死亡的，由被继承人的子女的直系晚辈血亲代位继承。被继承人的兄弟姐妹先于被继承人死亡的，由被继承人的兄弟姐妹的子女代位继承。代位继承人一般只能继承被代位继承人有权继承的遗产份额。”第二，继承人未丧失继承权也未放弃继承权。因为在转继承的情况下，转继承人继承的并非被继承人的遗产，而是继承人的遗产，其依据并非转继承人对被继承人遗产的继承权，而是转继承人对死亡的继承人遗产的继承权，所以一旦继承人丧失继承权或放弃继承权，则转继承人不能基于转继承的规定取得被继承人的遗产。

发生转继承时，转继承人可以直接参与因被继承人死亡而发生的继承程序，继承原本应当由死亡的继承人获得的遗产份额。在法定继承的情形下，转继承人可以获得的遗产份额为法定应继份；在遗嘱继承的情况下，转继承人可以获得的份额为遗嘱中确定分给死亡的继承人的份额。唯须注意的是，如果遗嘱对于此种情形另有安排，例如针对继承人死亡的情形指定了后位继承人，那么应当遵从遗嘱的安排，而不发生转继承。

【对照适用】

该条规定源于 1985 年《继承法意见》第 52 条。在内容上，本条将该《继承法意见》第 52 条的“继承人没有表示放弃继承，并于遗产分割前死亡的”顺序调整为“继承人于遗产分割前死亡，并没有放弃继承的”；将“继承遗产的权利转移”改为“继承的遗产转给”，强调遗产份额的转移，而非继承遗产的权利转移；将原《继承法意见》中的“合法继承人”中“合法”二字删除。本条增加了“但是遗嘱另有安排的除外”的但书规定。

第一千一百五十三条　夫妻共同所有的财产，除有约定的外，遗产分割时，应当先将共同所有的财产的一半分出为配偶所有，其余的为被继承人的遗产。

遗产在家庭共有财产之中的，遗产分割时，应当先分出他人的财产。

【要义精解】

本条为夫妻共同财产在发生继承时的分割析产规定。因为遗产为自然人死亡时遗留的个人合法财产，而夫妻共同财产并非由夫妻一方单独所有，所以当夫妻一方死亡时，应当先从夫妻共同财产中析出属于死亡的夫妻一方的份额，就该部分财产发生继承。

判断夫妻共同财产与个人财产的范围，需要借助民法典婚姻家庭编的规定。婚姻家庭编先是以第1062条第1款确定了夫妻共同财产的范畴："夫妻在婚姻关系存续期间所得的下列财产，为夫妻的共同财产，归夫妻共同所有：（一）工资、奖金、劳务报酬；（二）生产、经营、投资的收益；（三）知识产权的收益；（四）继承或者受赠的财产，但是本法第一千零六十三条第三项规定的除外；（五）其他应当归共同所有的财产。"继而又以第1063条明示列举了夫妻一方个人财产的典型情况："下列财产为夫妻一方的个人财产：（一）一方的婚前财产；（二）一方因受到人身损害获得的赔偿或者补偿；（三）遗嘱或者赠与合同中确定只归一方的财产；（四）一方专用的生活用品；（五）其他应当归一方的财产。"继承开始后，存在夫妻共同财产的，应当先将夫妻共同财产分出一半，这一半属于尚生存的夫妻一方的财产，而非遗产，因而不发生继承。在法定继承的情形下，配偶作为第一顺位法定继承人，还可以基于法定继承的规则参与夫妻共同财产析产后被纳入遗产中的那部分遗产的继承。如果遗产在家庭共有财产之中的，遗产分割时，应当先分出他人的财产，再就遗产部分进行继承。

【对照适用】

该条规定源于原《继承法》第26条，与原条文有一定差别。本条将原第26条的"夫妻在婚姻关系存续期间所得的共同所有的财产"改为"夫妻共同所有的财产"，用语更加准确精练；将"如果分割遗产"改为"遗产分割时"，用语更加规范。

第一千一百五十四条　有下列情形之一的，遗产中的有关部分按照法定继承办理：

（一）遗嘱继承人放弃继承或者受遗赠人放弃受遗赠；

（二）遗嘱继承人丧失继承权或者受遗赠人丧失受遗赠权；
（三）遗嘱继承人、受遗赠人先于遗嘱人死亡或者终止；
（四）遗嘱无效部分所涉及的遗产；
（五）遗嘱未处分的遗产。

【要义精解】

本条以明示列举的方式罗列了应当依照法定继承办理的继承情形，其中共同的基本原则是，非由遗嘱决定归属的遗产，依法定继承的规则进行分配，其中涵盖了被继承人并未通过遗嘱对遗产进行安排，或被继承人在遗嘱中作出的遗产安排在继承开始时已经无法实现的各种具体情形。

本条规则实质上形成对《民法典》第1123条规则的特别法："继承开始后，按照法定继承办理；有遗嘱的，按照遗嘱继承或者遗赠办理；有遗赠扶养协议的，按照协议办理。"第1123条仅说明了"有遗嘱"的情形，但却对有遗嘱的情形下，诸如遗嘱继承人放弃继承或者受遗赠人放弃受遗赠、遗嘱继承人丧失继承权或者受遗赠人丧失受遗赠权、遗嘱继承人或受遗赠人先于遗嘱人死亡或者终止以及遗嘱无效等特殊情形未置一词。本条所规定的恰恰是有遗嘱的情形下，依旧需要按照法定继承办理的情形，因此构成第1123条的特别法。

一、遗嘱继承人放弃继承或者受遗赠人放弃受遗赠

根据《民法典》第1124条规定，继承开始后，遗产分割前，遗嘱继承人可以放弃继承，该放弃继承的意思表示应当以书面形式作出，若没有作出任何表示，则视为接受继承。而对于遗赠，法律设置了截然不同的放弃规则——受遗赠人需要在知道受遗赠之后60日内主动表示接受遗赠，如果没有表示，则会被视为放弃接受遗赠。

二、遗嘱继承人丧失继承权或者受遗赠人丧失受遗赠权

《民法典》第1125条规定："继承人有下列行为之一的，丧失继承权：（一）故意杀害被继承人；（二）为争夺遗产而杀害其他继承人；（三）遗弃被继承人，或者虐待被继承人情节严重；（四）伪造、篡改、隐匿或者销毁遗嘱，情节严重；（五）以欺诈、胁迫手段迫使或者妨碍被继承人设立、变更或者撤回遗嘱，情节严重……受遗赠人有本条第一款规定行为的，丧失受遗赠权。"有上述五种情形出现的，遗嘱继承人或者受遗赠人丧失继承权，遗嘱无法得到贯彻实施，因此只能按照法定继承办理。对于丧失继承权的情形，其晚辈直系血亲不得准用《民法典》第1128条之规则请求代位继承，对此，原《继承法意见》第28条规定："继承人丧失继承权的，其晚辈直系血亲不得代位继承。如该代位继承人缺乏劳动能力又没有生活来源，或对被继承人尽赡养义务较多的，可适当分给遗产。"

三、遗嘱继承人、受遗赠人先于遗嘱人死亡或者终止

如果遗嘱继承人、受遗赠人先于遗嘱人死亡或者终止，则遗嘱无法依被继承人意愿实现，该遗嘱自动失去效力，遗嘱所涉及的遗产按照法定继承办理。依据《民法典》第1133条第3款的规定，受遗赠人可以是国家、集体或者法定继承人以外的组织、个人。当法人等组织作为受遗赠人时，则存在遗嘱人尚未死亡，受遗赠人已经终止的可能。

遗嘱继承人先于遗嘱人死亡，原则上遗嘱人可以针对此情形再立新的遗嘱，但若其并未另立新遗嘱，则应解释为遗嘱人希望让相关遗产依照法定继承规则进行继承。例如，遗嘱人的本意是将自己的遗产在几家之间进行分配，给已经各自成家且拥有后代的大儿子、二儿子、三儿子各一套房子及存款若干，但大儿子在遗嘱人去世前两年遭遇车祸去世，此时根据本项规定，在遗嘱人未另立遗嘱的情况下，原遗嘱中应当分配给大儿子的一套房子以及若干存款应当依据法定继承规则，由大儿子的子女（依代位继承规则）、二儿子以及三儿子进行继承。其原因在于，现实生活的复杂性导致司法者无从判断被继承人在长子去世之后的心理变化，被继承人在长子去世后的一段时间里，有充足的时间另立遗嘱以保障相关遗产由长子的子女继承，但却并未采取行动，这本身就是其相反意思的体现。

但不容忽视的是可能存在的例外情形。例如依旧是上文所述案例，被继承人得知长子车祸去世的消息后，受到重大打击一病不起，继而去世，又或老人在订立遗嘱之后即丧失了完全行为能力，尽管长子去世也无法另立遗嘱，那么此时便不应草率地依据本项规定认定涉及长子部分的遗嘱无效，而应当基于民法典总则编第142条第2款之规定，探寻遗嘱人的真实意思，将遗嘱解释为附条件遗嘱，即若长子去世，则该遗产由其子女继承，从而允许长子的子女依据遗嘱继承原本应由长子继承的房产及存款。

四、遗嘱无效部分所涉及的遗产

导致遗嘱无效的原因可能有很多，例如《民法典》第1143条规定的四种无效事由，包括无民事行为能力人或者限制民事行为能力人所立的遗嘱无效；受欺诈、胁迫所立的遗嘱无效；伪造的遗嘱无效；遗嘱被篡改的，篡改的内容无效。又如违反《民法典》第1141条规定的必留份制度的，相抵触部分无效；遗嘱还可能因不具备《民法典》自第1134条至第1139条规定的法定形式而无效；又或因违反法律强制性规定、违反公序良俗而无效；遗嘱处分了不属于遗产的财产的，无权处分的部分无效。

其中绝大多数情形都不在本项讨论的范围之内，例如无民事行为能力人或者限制民事行为能力人所立的遗嘱，受欺诈、胁迫所立的遗嘱，伪造篡改的遗嘱等，这些遗嘱是因为根本不能代表遗嘱人的真实意思而无法发生效力；又如违反《民法典》第1141条规定的必留份制度的法律效果虽然是抵触部分无效，但该部分并非按法定继承办理，而是应当分配给必留份权利人；遗嘱处分了不属于遗产的财产的，也不属于此处讨论的问题，因为不属于遗产的财产根本无法发生继承，无论是遗嘱继承还是法定继承。

在此处有讨论价值的是那些有可能或者其实反映了遗嘱人真实意思，却被宣告无效的遗嘱。对于违反法律规定的形式要件的遗嘱能否反映遗嘱人的真实意思，实践中存在不同的观点，但事实上法律设置遗嘱形式要件的目的就在于确认遗嘱人的真实意思——只有满足了形式要件的遗嘱才被法律认可为当事人的真实（遗嘱）意思，否则便应当认为被继承人并无就该遗产订立遗嘱的意思，从而应当依据法定继承办理。而在遗嘱违反法律强制性规定、违反公序良俗的情形下，遗嘱反映的通常是遗嘱人的真实意思，但该意思违反了法律强制性规定或者公序良俗，因此该遗嘱的效力遭到否定，其所涉及的遗产只能依照法定继承办理，这是基于法律对遗嘱内容的外部控制。

五、遗嘱未处分的遗产

遗嘱中未处分的遗产，应当依据法定继承办理，但此时应当注意的是遗嘱的解释问题。遗嘱是单方法律行为，无相对人的意思表示，因此其解释应当基于意思主义的立场，依据民法典总则编第142条第2款的规定进行："无相对人的意思表示的解释，不能完全拘泥于所使用的词句，而应当结合相关条款、行为的性质和目的、习惯以及诚信原则，确定行为人的真实意思。"例如，若遗嘱人有房屋一套，在订立遗嘱时，该房屋市场价为60万元，于是遗嘱人订立遗嘱，其中写明"将房产变卖之后，所得房款六十万元由长子继承三十万元，次子与三子分别继承十五万元。"遗嘱订立后又过去十年，被继承人因病去世，此时该房产的市场价已经上涨到

400 万元。长子主张依照遗嘱人已经订立的遗嘱中传达的精神，自己应当从售房款 400 万元中分得全部售房款的一半即 200 万元，然后由次子、三子分别继承 100 万元。而次子与三子则主张，从该遗嘱的文义上看，遗嘱人仅处分了卖房所得价款中的 60 万元，对于房屋在近十年来上涨的 340 万元，遗嘱人并未进行处分。因此，应当依照遗嘱先从价款中分出 60 万元，分配给长子 30 万元，次子、三子分别 15 万元，剩下的 340 万元依照法定继承办理，即长子、次子、三子每人分得 113 万余元，最终变卖房产所得，由长子继承 143 万余元，次子、三子分别继承 128 万余元。此处体现不同解释立场带来的不同结果：如果严格依据文义解释，被继承人在订立遗嘱时并未预料到房屋价格上涨的后续发展，因此仅实际处分了在订立遗嘱时变卖房产可得的 60 万元，但对于该房屋在最后十年中上涨的 340 万元的分配方案则未置一词，若基于此种解释方法，则剩下的 340 万元属于“遗嘱未处分的遗产”，依本项规定应当依法定继承办理；如果不囿于文义，探寻遗嘱人订立遗嘱时真实意思，则遗嘱人将房产变卖就全部在三个儿子之间按比例进行分配的意思已经十分清晰和明显，则应当基于遗嘱解释，依据《民法典》第 142 条第 2 款之规定，将该部分遗产依据遗嘱确定的规则进行分配。

【对照适用】

该条规定源于原《继承法》第 27 条，第 27 条共有 5 项规定，其规则与本条 5 项的规定大体一致。在内容上，本条第 2 项增加了“受遗赠人丧失受遗赠权”的情形；在第 3 项中，增加了“受遗赠人先于遗嘱人终止”的情形。

第一千一百五十五条　遗产分割时，应当保留胎儿的继承份额。胎儿娩出时是死体的，保留的份额按照法定继承办理。

【要义精解】

本条是关于遗产分割时对胎儿应得份额特殊处理方式的规定，胎儿虽然尚未出生，但是如果其有权继承遗产份额，则应当在遗产分割时为其保留份额，待胎儿出生之后进行移转，但毕竟胎儿是否能够顺利降生尚未可知，如果最终结果胎儿并未顺利降生或降生时是死体的，那么原本为胎儿保留的份额应当按照法定继承办理。

根据法条文义的明确规定，本条适用的前提是“遗产分割时”，这意味着本条并非关于胎儿“继承能力”的规定，而仅为存在胎儿时，遗产分割方式的特殊规则。其原因在于以下几点。

首先，继承开始与遗产分割并非同一时间点，甚至从继承开始到遗产分割之间可能间隔较长时间，这就可能导致两种特殊情况：（1）胎儿在继承开始时尚为胎儿，但在遗产分割时已经出生，为婴儿，在此种情形下则不适用本条，因为遗产分割时，该主体已经具备了民事权利能力；（2）遗产分割时是胎儿，但继承开始时，该胎儿尚未受孕，此时是否需要为其保留份额？答案显然是否定的，因为每个继承人的继承份额实际上在继承开始时就已经确定，继承开始之后才受孕的胎儿，根本不享有继承份额，也就谈不上为其保留份额的问题。

其次，继承能力从本质上属于权利能力问题，该问题在民法典总则编第 16 条已经得到解决，而无须本条进行重复规定。《民法典》第 16 条规定：“涉及遗产继承、接受赠与等胎儿利益保护的，胎儿视为具有民事权利能力。但是，胎儿娩出时为死体的，其民事权利能力自始不存在。”该条解决的是在继承开始时胎儿是否拥有继承能力，是否能够作为继承人获得相应份额的问题。民事权利能力是民事主体享有民事权利，承担民事义务的资格，《民法典》第 13 条规定：“自然人从出生时起到死亡时止，具有民事权利能力，依法享有民事权利，承担民事义务。”根据该条规定，继承开始时，胎儿尚未出生，不具有民事权利能力，也就无法成为“继承权”的享有者，也就无法继承。因此才需要《民法典》第 16 条的拟制规范，在此种情形下“视为”胎儿具有民事权利能力，以解决其继承能力的问题。由此观之，其继承能力问题是通过权利能力制度的构建解决的，继承能力处理的问题，是在“继承开始时”胎儿是否有“权”继承的问题，该问题出现的时间点先于本条规定的“遗产分割时”，在上文提到的第 1 种情形中，继承人在继承开始时是胎儿，遗产分割时已经出生，则此时根本不涉及本条的适用，却依旧需要处理该继承人在胎儿时的继承能力问题，这就需要第 16 条的介入。总而言之，因为本条“遗产分割时”的明文限制，胎儿的继承能力问题早在本条能够适用之前的时间点（继承开始时）就出现了，而且必须在继承开始时予以确定，因此本条不能是关于胎儿继承能力的规定，本条没有能力解决该问题，而只能是胎儿继承能力依据第16条确定之后，针对遗产分割这一环节的特别规定。

最后，本条也不对胎儿是否真的享有继承权作实质判断。若对本条规则进行完整的表述，其呈现形式应当是：遗产分割时，“若胎儿有权获得遗产份额”，应当保留胎儿的继承份额。但对于胎儿是否在具体情形下享有遗产份额，本条同样没有作出回答。在判断胎儿是否享有遗产份额时，可能存在下述情形：（1）胎儿依遗嘱继承或遗赠获得遗产的情形。《民法典》第1123条规定：“继承开始后，按照法定继承办理；有遗嘱的，按照遗嘱继承或者遗赠办理；有遗赠扶养协议的，按照协议办理。”胎儿尚未出生，不可能成为遗赠扶养协议中的扶养人，因此遗赠扶养协议的情形无须考察，在法定继承之前，胎儿仅可能基于遗嘱继承或遗赠获得遗产。《民法典》第1133条第1款、第2款、第3款规定：“自然人可以依照本法规定立遗嘱处分个人财产，并可以指定遗嘱执行人。自然人可以立遗嘱将个人财产指定由法定继承人中的一人或者数人继承。自然人可以立遗嘱将个人财产赠与国家、集体或者法定继承人以外的组织、个人。”无论是遗嘱继承人还是受遗赠人，均需要具备民事权利能力（继承能力），此问题已经由《民法典》第16条解决。（2）胎儿依必留份规定获得遗产的情形。如果被继承人虽然订立了遗嘱，但是却未在遗嘱中为胎儿保留必要份额，则该遗嘱可能因违反必留份制度而部分无效，胎儿则有权请求分得必要的遗产份额。《民法典》第1141条规定：“遗嘱应当为缺乏劳动能力又没有生活来源的继承人保留必要的遗产份额。”毫无疑问，胎儿在任何时候均属于缺乏劳动能力的情形，至于是否有生活来源，则需要具体判断，除非有人对胎儿未来的经济收入作出了预先的财产安排，否则通常情形下胎儿亦属于没有生活来源的情形。总而言之，通常情形下胎儿具有必留份请求权。（3）胎儿依法定继承规则获得遗产。在不存在遗嘱和遗赠的情形下，胎儿可能依法定继承规则获得遗产，此时其继承权的来源并非遗嘱，而是其法定继承人的身份，这一身份需要依据《民法典》第1127条的规则确定，胎儿通常是基于子女的身份，以第一顺位法定继承人的身份参与继承，根据《民法典》第1127条的规定，此处所称子女，包括婚生子女、非婚生子女、养子女和有扶养关系的继子女。需要特别注意的是，人工授精所孕育胎儿的法律地位问题，无论胎儿属于婚生子女还是非婚生子女，其实都是以该胎儿与父亲有血缘关系为前提的，但是在人工授精特别是异质授精的情况下，该血缘关系可能受到质疑。对此，1991年《最高人民法院关于夫妻关系存续期间以人工授精所生子女的法律地位的函》确立了下述规则："在夫妻关系存续期间，双方一致同意进行人工授精，所生子女应视为夫妻双方的婚生子女，父母子女间的权利义务关系适用《婚姻法》的相关规定。"只要是在夫妻关系存续期间双方一致同意进行的人工授精，无论同质异质，所生子女均拟制为夫妻双方的婚生子女，夫妻一方在订立人工授精协议之后反悔，拒绝承认亲子关系的，法院不予认可，在当事人之间适用民法典婚姻家庭编有关父母子女间的权利义务关系的规定。这一规则在李某花、范某诉范某业、滕某继承纠纷案〔1〕中同样得到确认。

分割遗产时，对胎儿遗产份额的保留是附有条件的，即胎儿顺利降生，如果胎儿并未降生，或胎儿娩出为死体的，则保留的份额按照法定继承办理。对于自然人出生的判断，我国通说采用独立呼吸说。此处可能存在法律上关键的一秒：如果依据独立呼吸说，胎儿已经成功降生，但仅存活了一秒即死亡，那么此时它依旧成功继承了遗产，这部分遗产则应当作为胎儿的遗产再次发生继承。但如果不具备法律上的关键一秒，胎儿根本未存活，则保留的份额按照法定继承办理。

【对照适用】

该条规定源于原《继承法》第 28 条，大体上与原第 28 条保持一致。但在细节上，本条将"胎儿出生"改为"胎儿娩出"，用词更加精准。

第一千一百五十六条　遗产分割应当有利于生产和生活需要，不损害遗产的效用。

不宜分割的遗产，可以采取折价、适当补偿或者共有等方法处理。

【要义精解】

本条规定的是遗产处理的重要原则之一，即所谓的"物尽其用原则"。

1985 年《继承法》第 29 条规定："遗产分割应当有利于生产和生活需要，不损害遗产的效用。不宜分割的遗产，可以采取折价、适当补偿或者共有等方法处理。"这一规定被该条完全承袭下来。在此之外，原《继承

〔1〕李某花、范某诉范某业、滕某继承纠纷案，江苏省南京市秦淮区人民法院民事判决书，《最高人民法院公报》2006 年第 7 期。

法意见》第58条也规定："人民法院在分割遗产中的房屋、生产资料和特定职业所需要的财产时，应依据有利于发挥其使用效益和继承人的实际需要，兼顾各继承人的利益进行处理。"

例如，在杨某康等诉方某兰继承案[1]中，法院就曾在判决书中指出：在本案中，由于杨某禄无配偶、子女等第一顺序继承人，杨某禄的份额由其兄、姐继承，所以本案的遗产应按五份进行分割。因为该房屋现由方某兰使用着，且取得了集体土地使用权证，而原告杨某康等人又各有居所，所以该房屋应归方某兰所有，并由方某兰补偿四原告各1000元的房屋折价款。但因杨某英无法联系，其份额由方某兰暂时保管，待杨某英出现后由方某兰给付杨某英。这便是基于原《继承法》第29条的规定，参考个案中当事人的实际情况与实际需要，让遗产充分发挥效用的方案。又如，在王某1与王某2、王某3等继承纠纷案[2]中，一审法院便援引原《继承法》第29条指出：本案中，王某2、王某、李某1、李某2、王某1均主张案涉房屋所有权，结合庭审调查，案涉房屋由王某1居住使用至今已十余年，且已登记在王某1名下。因案涉房屋属于不宜分割的遗产，且为不损害房屋效用，案涉房屋应归王某1所有，由王某1给付其他继承人折价款。

【对照适用】

该条规定源于原《继承法》第29条，与原条文内容一致，没有修改。

第一千一百五十七条　夫妻一方死亡后另一方再婚的，有权处分所继承的财产，任何组织或者个人不得干涉。

【要义精解】

本条规定了夫妻一方死亡后另外一方对所继承遗产的充分处分权，但是其目的并非立足于保护继承人财产权益，而是在于保障尚生存的配偶一方的再婚自由。

---

〔1〕杨某康等诉方某兰继承案，云南省腾冲市人民法院（2007）腾民一初字第142号民事判决书。

〔2〕王某1与王某2、王某3等继承纠纷案，吉林省吉林市中级人民法院（2020）吉02民终745号民事判决书。

从法律的基本原理上来看，在通常情形下，夫妻一方死亡之后，其配偶享有继承权，在继承程序执行完毕，即遗产分割完毕后，其配偶获得了特定遗产的所有权，当然可以基于自身的所有权进行自由处分，任何组织或者个人不得干涉。这是所有权的本质属性，原本无须特别立法予以说明。但无论是1985年《继承法》还是本条规定都特别对这一问题加以强调，例如1985年《继承法》第30条便规定："夫妻一方死亡后另一方再婚的，有权处分所继承的财产，任何人不得干涉。"

本条规定的任何组织或者个人，不仅包含尚生存或存在的任何组织或个人，还包括已经死亡的被继承人自身。被继承人不得通过给遗嘱附条件、附义务的方式限制自己死亡后配偶的再婚自由，例如在遗嘱中附加"不得再婚"的义务，或在遗嘱中附加"若某某再婚，则丧失继承权"的条件。例如，在张某军诉蔡某珍遗赠纠纷案[1]中，原告张某军系立遗嘱人张某元的侄子，蔡某珍系张某元妻子，蔡某珍与张某元婚后未生育子女，张某元去世前曾立有遗嘱一份，写明："我去世后，东面三间楼房使用权归我妻蔡某珍，西面三间平房也为我妻蔡某珍安身之处，如我妻蔡某珍今后嫁人，三间平房归我侄子张某军所有。"该案中，法院以该条件违背公序良俗为由，宣告该条件无效：该约束内容有违法律规定，故涉及遗赠的内容无效，张某军无受遗赠权，理由如下：婚姻自由是我国《宪法》规定的一项公民基本权利，是我国原《婚姻法》规定的基本婚姻制度，具体而言体现为婚姻自主权这一人格权利，即自然人有权在法律规定的范围内，自主自愿决定本人的婚姻，不受其他任何人强迫与干涉。张某元去世后，蔡某珍是否再婚应完全由蔡某珍自行决定，如蔡某珍选择再婚也是人之常情，故张某元立下遗嘱但设定了约束内容，限制蔡某珍的婚姻自由，违反了有关婚姻自由的法律规定。又如胡某琼等诉胡某红法定继承案[2]中，大姐胡某琼、二姐胡某萍、被告胡某红及被继承人蒋某某签订协议约定：（1）胡某红必须继承胡家门户，子女必有姓胡。（2）胡某红在继承父亲所有遗产的同时，必须监护、扶养好母亲，如母亲在往后生活中对胡某红的扶养不满，大姐胡某琼、二姐胡某

---

〔1〕张某军诉蔡某珍遗赠纠纷案，江苏省无锡市中级人民法院（2013）锡民终字第0453号民事裁定书。

〔2〕胡某琼等诉胡某红法定继承案，云南省玉溪市中级人民法院（2009）玉中民一终字第57号民事判决书。

萍有权根据母亲及其他亲属的意见，取消胡某红继承遗产及监护、扶养母亲的相关权利，不再享受平等权益。（3）母亲所拥有的相关遗产，在母亲百年归终后归胡某红所有。针对“胡某红必须继承胡家门户，子女必有姓胡”的约定，法院认为：从协议的内容来看，虽然上述协议双方当事人均签字认可，是当事人的真实意思表示，但协议所附条件（义务），即“被告胡某红必须继承胡家门户，子女中必有姓胡”，限制、侵犯了被告胡某红的婚姻自主权及他人（子女）的姓名权，违反了法律的强制性规定……应当认定该民事行为无效。所以2006年11月19日达成的协议所附条件违背了法律的规定，是无效的协议。被继承人胡某某、蒋某某的遗产应按法定继承来处理。

【对照适用】

该条规定源于原《继承法》第30条，大体上与原第30条保持一致。但在内容上，本条将“任何人不得干涉”改为“任何组织或者个人不得干涉”，增加了相关主体。

第一千一百五十八条　自然人可以与继承人以外的组织或者个人签订遗赠扶养协议。按照协议，该组织或者个人承担该自然人生养死葬的义务，享有受遗赠的权利。

【要义精解】

本条是关于遗赠扶养协议的规定。

一、遗赠扶养协议的性质

遗赠扶养协议是遗赠人与扶养人之间所订立的双务合同，扶养人负有对遗赠人生养死葬的义务，享有在遗赠人死亡后接受遗赠财产的权利；遗赠人负有将协议中约定的财产遗赠给扶养人的义务，享有接受扶养人生养死葬的权利。

遗赠扶养协议是一种继承法上极其特殊的构造，一方面它是一种双务合同，双方互负对等给付义务。扶养人的主给付义务呈现为一种行为义务，即负担遗赠人“生养死葬”的义务。但另一方面，遗赠人主给付义务的呈现方式极其特别，即在自己死后将特定财产的所有权转移给扶养人的义务。需要说明的是，此处存在法律明文规定与规则实际运行的矛盾：依据法律的明文规定，在这一双务合同中，遗赠人的主给付义务为“订立遗赠”——作出死因处分的行为本身便是他的主给付义务。理论与实践中普遍将遗赠人的义务或者扶养人的权利理解为特定遗产的给付和获得，但这其实并不符合遗赠扶养协议在法律中明文规定的构造。法律仅规定了“该组织或者个人……享有受遗赠的权利”，也就是说，遗赠一旦订立，被扶养人的主给付义务便宣告完成。但是这样一种基于法律明文规定的理解会在实际上造成规则运行的重大疑难——如果仅将“订立遗赠”本身理解为遗赠扶养协议中遗赠人的主给付义务，那么在他订立了遗赠之后，便履行了他的主给付义务，那么如果遗赠人在其后私自另行处分了原本承诺给扶养人的遗产，也不构成违约行为——因为该合同已经履行了。同时，《民法典》第1123条规定：“继承开始后，按照法定继承办理；有遗嘱的，按照遗嘱继承或者遗赠办理；有遗赠扶养协议的，按照协议办理。”此处，立法者显然将遗赠扶养协议作为一种独立的遗产获得方式。因此，遗赠扶养协议中，扶养人的权利并非法律明文规定的“受遗赠”，而是“在遗赠人死后获得合同约定的特定遗产”。此二者的区别在于，前者立足于“遗赠”，遗赠本身是一个法律明确规定的特殊的单方法律行为，所谓“受遗赠”，只能被理解为成为遗赠这一单方法律行为中的“受遗赠人”，然而对于这一遗赠的履行，即该遗赠最终能否实现，实际上本条并未提出直接的要求，从逻辑上讲，既然法条将主给付义务绑定于“受遗赠”，那么该遗赠能否实现的问题与风险，应当由民法典继承编关于遗赠的规则处理。这就像甲乙二人订立合同，约定两个月后订立另一合同，那么对于订立在先的合同而言，“缔约”本身就是其主给付义务，而后续订立的合同能否履行或者实现，则需要另行判断。同样的，依据本条文义，订立一个单方法律行为，即遗赠，便是被扶养人的主给付义务了。后者着眼于扶养人在被扶养人死后对于特定遗产权利的获得。从这一意义上讲，法条中的“遗赠”仅是一个描述性的用语，用于描述被扶养人在自己死后将遗产留给法定继承人以外的人或组织的行为，这一描述从字面上似乎符合遗赠的定义，但其中存在一个着眼点的重大偏差——遗赠扶养协议的着眼点并非被扶养人订立遗赠的“行为”，而是扶养人在被扶养人死后获得遗产的“结果”，后者应当从债的主给付义务的角度进行理解——扶养人承担先履行义务，只有当扶养人完成“死葬”的义务时，扶养人才能请求给付，但这其实与遗赠没有关系——遗赠作为一个继承法上的特殊制度，自有其特殊含义与规则群落，例如依据《民法典》第1133条第3款规定：“自然人可以立遗嘱将个人财产赠与国家、集体或者法定继承人以外的组织、个人。”遗赠必须通过遗嘱达成，同时还须遵守《民法典》第1134条至第1139条对遗嘱形式要件的要求，而且受遗赠人还须依据《民法典》第1124条第2款之规定，在知道受遗赠后60日内，作出接受或者放弃受遗赠的表示；到期没有表示的，视为放弃受遗赠。这些规则都是遗赠扶养协议所没有的，而且最主要的是，遗赠是一旦被继承人死亡，继承开始，便发生效力，只要受遗赠人接受，便可以请求分割遗产，但遗赠扶养协议中，被继承人死亡并不意味着扶养人立刻可以请求给付约定的遗产，而是要等到他将被扶养人安葬之后——即义务履行完毕之后，才能请求给付约定的遗产。

二、制度演变

1985年《继承法》第31条规定：“公民可以与扶养人签订遗赠扶养协议。按照协议，扶养人承担该公民生养死葬的义务，享有受遗赠的权利。公民可以与集体所有制组织签订遗赠扶养协议。按照协议，集体所有制组织承担该公民生养死葬的义务，享有受遗赠的权利。”这一规则基本上被本条延续下来，其变化主要在于本条明确了扶养人的范围——从未定义到“继承人以外的组织或者个人”，这就排除了被扶养人的法定继承人订立遗赠扶养协议的资格，使得遗赠扶养协议的适用范围较之以前更为狭窄。但本条明确了继承人以外的“组织”也可以充当扶养人，节约了在原《继承法》第31条之下对扶养人进行解释的论证成本。

值得注意的是，1985年《继承法意见》第55条规定：“集体组织对‘五保户’实行‘五保’时，双方有扶养协议的，按协议处理；没有扶养协议，死者有遗嘱继承人或法定继承人要求继承的，按遗嘱继承或法定继承处理，但集体组织有权要求扣回‘五保’费用。”第56条规定：“扶养人或集体组织与公民订有遗赠扶养协议，扶养人或集体组织无正当理由不履行，致协议解除的，不能享有受遗赠的权利，其支付的供养费用一般不予补偿；遗赠人无正当理由不履行，致协议解除的，则应偿还扶养人或集体组织已支付的供养费用。”上述条文是关于遗赠扶养协议出现“违约”或类似“违约”情形的时候相关处理办法的规定，但是并未被《民法典》直接延续下来，但其传达的规则应当被继续执行。

遗赠扶养协议制度的前身是我国农村五保制度，遗赠扶养协议是在五保制度的基础上形成和发展起来的。所谓五保，即保吃、保穿、保住、保医、保葬，这一制度保障的对象主要为老年、残疾或者未满 16 周岁的村民，无劳动能力、无生活来源又无法定赡养、抚养、扶养义务人，或者其法定赡养、抚养、扶养义务人无赡养、抚养、扶养能力的，享受农村五保供养待遇。遗赠扶养协议制度属于一种特殊的社会保障制度，其主要依据是 1956 年《高级农业生产合作社示范章程》、1960 年《一九五六年到一九六七年全国农业发展纲要》以及 2006 年《农村五保供养工作条例》。《农村五保供养工作条例》第 3 条规定："国务院民政部门主管全国的农村五保供养工作；县级以上地方各级人民政府民政部门主管本行政区域内的农村五保供养工作。乡、民族乡、镇人民政府管理本行政区域内的农村五保供养工作。村民委员会协助乡、民族乡、镇人民政府开展农村五保供养工作。"第 9 条规定："农村五保供养包括下列供养内容：（一）供给粮油、副食品和生活用燃料；（二）供给服装、被褥等生活用品和零用钱；（三）提供符合基本居住条件的住房；（四）提供疾病治疗，对生活不能自理的给予照料；（五）办理丧葬事宜。农村五保供养对象未满 16 周岁或者已满 16 周岁仍在接受义务教育的，应当保障他们依法接受义务教育所需费用。农村五保供养对象的疾病治疗，应当与当地农村合作医疗和农村医疗救助制度相衔接。"

在原《继承法》修订过程中，这一制度被吸纳进来，使得扶养人的范围得以扩大到政府以外的自然人及其他组织，这一方面是为了更好地保障老、弱、病、残的基本生活；另一方面，扶养人私主体化也有利于为国家和社会减轻扶养负担。此外，《老年人权益保障法》第 36 条也规定："老年人可以与集体经济组织、基层群众性自治组织、养老机构等组织或者个人签订遗赠扶养协议或者其他扶助协议。负有扶养义务的组织或者个人按照遗赠扶养协议，承担该老年人生养死葬的义务，享有受遗赠的权利。"

三、遗赠扶养协议作为特殊的遗产获得方式

如前文所述，遗赠扶养协议属于一种特殊的遗产获得方式，其性质为双务合同，而非遗赠，但是却能够在继承程序中直接参与遗产分配，而且其受偿顺位在遗嘱继承、遗赠、法定继承之前，这就带来了一系列的特殊问题。

首先，遗赠扶养协议中被扶养人的资格问题。无民事行为能力人、限制民事行为能力人是否能够订立遗赠扶养协议？遗赠扶养协议能否代理？

在遗嘱继承与遗赠的情形中，遗嘱人或遗赠人必须具备完全民事行为能力，一旦其行为能力受限，则其自身订立的遗嘱无效，而且基于遗嘱的高度自决性原则，遗嘱不得代理。但遗赠扶养协议不是遗嘱，它能不能由监护人代理订立？司法部《遗赠扶养协议公证细则》第4条对此规定："遗赠人必须是具有完全民事行为能力、有一定的可遗赠的财产、并需要他人扶养的公民。"第7条规定："办理遗赠扶养协议公证，当事人双方应亲自到公证处提出申请，遗赠人确有困难，公证人员可到其居住地办理。"

其次，遗赠扶养协议不需要满足遗嘱的形式要件。既然遗赠扶养协议的性质是双务合同，那么遗赠扶养协议便只需要满足无名合同的效力要求即可，而无须具备遗嘱的形式要件。尽管这会带来一个十分矛盾的现象：老人如果在生前立下遗嘱，将全部遗产留给照顾自己的保姆，那么该遗嘱必然会在形式要件上受到诸多挑战；而如果老人在生前与保姆订立遗赠扶养协议，则可以成功规避遗嘱法定形式对该协议效力的审视。但是，如果跳出"遗赠"协议的思维模式，仅以双务合同的性质来理解遗赠扶养协议，则该协议与遗赠人的生前财产处分并无不同，正如同我国法律对于当事人生前的合同行为——例如雇佣保姆的合同，并无特殊的形式或效力审查事由，对于遗赠扶养协议不设特殊事由似乎也就顺理成章了。

再次，法定继承人不能充当扶养人。在《民法典》颁布之前，实践中对于法定继承人能否充当扶养人存在争议，但总体持否定态度。[1]在实践中法院可能另辟蹊径，[2]从根本上否定当事人之间遗赠扶养协议的定性，而是将其定性为附义务赠与合同。本文认为，所谓"原本扶养义务人对被扶养人就有扶养义务"的观点，并不能解释为什么有扶养义务的人基于被扶养人（被继承人）的偏爱，不能再与之订立遗赠扶养协议从而获得额外的遗产——事实上被扶养人通过遗嘱同样能够实现此种偏爱。双方之间存在扶养义务导致的后果只是：即便没有遗赠扶养协议，扶养义务人还是需要尽扶养义务，但有了遗赠扶养协议，扶养义务人尽扶养义务之后，可以先基于遗赠扶养协议分走一部分财产，该权利优先于遗嘱继承人与受遗赠

〔1〕参见刘某某与岳某某遗赠扶养协议纠纷上诉案，贵州省黔南布依族苗族自治州中级人民法院（2014）黔南民终字第645号民事判决书。

〔2〕参见郭某甲与梁某等附义务赠与合同纠纷上诉案，河南省平顶山市中级人民法院（2015）平民三终字第112号民事判决书；参见黄某珍与何某锋等赠与合同纠纷上诉案，广东省广州市中级人民法院（2015）穗中法少民终字第194号民事判决书。

人。法律并无理由禁止被继承人与自己的法定继承人订立这样的合同。例如，在李某林诉李某春遗嘱继承案[1]中，法院便正确指出：原告与祖母毛某某签订的《关于烈属毛某某扶养一事的商议决定》系遗赠扶养协议，经原告父亲李某某在场同意，并经乡、村干部在场证明，是双方的真实意思表示，符合法律的规定，该协议合法有效，双方应按协议约定，履行各自的义务。原告已按约定，履行了对毛某某生养死葬的义务，根据法律的规定，原告对协议中约定的两间北房享有所有权。

最后，对于一方违约的情形，实际上缺乏行之有效的救济方式。1985 年《继承法意见》第 56 条规定："扶养人或集体组织与公民订有遗赠扶养协议，扶养人或集体组织无正当理由不履行，致协议解除的，不能享有受遗赠的权利，其支付的供养费用一般不予补偿；遗赠人无正当理由不履行，致协议解除的，则应偿还扶养人或集体组织已支付的供养费用。"此条可以说是处理遗赠扶养协议违约问题的核心条款，但是该条款实际上并未给双方当事人提供充分的救济，特别是当遗赠人无正当理由不履行，致协议解除的情况下，扶养人仅能请求返还"已支付的供养费用"。这实际上并非解决违约责任的思路——违约责任的赔偿范围应为履行利益，即合同依约履行时守约方可以获得的利益，在此处即为约定的遗产。然而此处所谓返还支付的供养费用，其实并非违约责任，而仅为合同解除后给付的返还。对于遗赠扶养协议是否能够由一方任意解除，司法实践中也存在不同观点。例如，在刘某聪等诉杨某银等遗赠扶养协议案中，法院便支持了合同一方的解除权：现原告夫妇认为双方之间已无法继续在一起相处生活，结合双方现在的实际情况，经本院多次调解，原告夫妇还是坚持要求解除双方之间的遗赠扶养关系，符合相关的法律规定，对原告夫妇要求解除遗赠扶养关系的请求予以支持。因双方签订协议形成遗赠扶养关系后，已断断续续共同生活了近十年，根据被告夫妇支付了原告部分医疗费，给付了家中的水电费、农业税等情况，现原告夫妇应给予被告夫妇适当的经济补偿。对被告夫妇到原告家后购买的财产，原告也同意让被告带走，应由被告带走为宜；双方共同建盖的石棉瓦房、购买的粉糠机、饲养着的牲口，根据物尽其用的原则，应

---

[1] 李某林诉李某春遗嘱继承案，北京市延庆区人民法院（2008）延民初字第 01281 号民事判决书。

归原告夫妇所有为宜，由原告夫妇适当地补给被告夫妇一定的经济补偿。而在杨某与段某遗赠扶养协议纠纷上诉案[1]中，一审法院便以合同尚可继续履行为由驳回了当事人解除合同的请求：段某、杨某之间签订的《赡养协议》及《补充协议》中，约定了段某对杨某及夏某某承担扶养的义务，对杨某及夏某某的财产享有继承的权利，其性质属于遗赠扶养协议。上述协议是在当地村民委员会的调解下，双方当事人共同协商签订的，系双方真实意思表示，且协议内容不违反法律法规的强制性规定，应当认定为合法有效，依法应予以保护。经庭审认定，段某已履行了《赡养协议》及《补充协议》中确定的主要扶养义务，且段某仍表示将履行协议确定的义务。虽然段某对杨某的扶养存在瑕疵，双方因此产生了一些矛盾和误会，但是只要双方能克服生活习惯上的差异，相互体谅、相互尊重，增进感情，上述协议仍未完全丧失继续履行的基础。该意见得到了二审法院的支持，二审法院进而指出：被上诉人段某已履行了《赡养协议》及《补充协议》中确定的主要扶养义务，且段某表示将继续履行协议确定的义务。段某在履行上述协议过程中对杨某的扶养存在瑕疵，双方因此产生的矛盾和误会，不是解除协议的理由。上诉人杨某年事已高，在没有充分证据证明其有更合适的扶养人的情况下，随意解除扶养协议不利于老人的生活。且被上诉人段某与上诉人杨某长期生活，有一定的感情，被上诉人也表示将好好照顾上诉人杨某。因此，在上诉人杨某没有充分的证据证明有约定解除或法定解除的事由存在，本案也不符合法律规定的应当予以解除协议的其他情形下，一审法院认定杨某以段某未尽扶养义务为由要求解除《赡养协议》及《补充协议》依据不足，不予支持正确。基于保护老年人的价值考量，法院也可能允许老年人主张的解除合同，例如，在刘某某与岳某某遗赠扶养协议纠纷上诉案中，法院一方面认为有扶养义务的人之间不得订立遗赠扶养协议；另一方面又肯定了涉案协议的效力，继而却判令解除协议，充分体现遗赠扶养协议这一构造带来的困惑。根据原《继承法》第31条第1款“公民可以与扶养人签订遗赠扶养协议。按照协议，扶养人承担该公民生养死葬的义务，享有受遗赠的权利”的规定，自然人作为遗赠扶养协议中的扶养人，应当是法定赡养人继承人以外的人。本案中，上诉

[1] 杨某与段某遗赠扶养协议纠纷上诉案，四川省成都市中级人民法院（2017）川01民终3205号民事判决书。

人刘某某与被上诉人岳某某系母子关系，根据原《婚姻法》第21条第1款“父母对子女有抚养教育的义务；子女对父母有赡养扶助的义务”的规定，子女在父母年老后对父母进行赡养是其应尽的法定义务。虽然本案双方当事人订立的口头协议，对刘某某的合法财产进行处置，并不违反法律和行政法规的强制性规定，系一份有效的协议，但在该协议的履行过程中双方发生矛盾，岳某某未能妥善处理，导致刘某某在岳某某家居住几个月后，就离开岳某某家辗转到其亲戚及二儿子家中居住至今。现双方关系紧张，经做调解和好工作，刘某某仍然坚持要求解除与岳某某订立的遗赠扶养协议。尽管岳某某在二审诉讼中仍坚持其愿意主动履行自己的义务，但由于刘某某与岳某某订立遗赠扶养协议的合同目的已不能实现，故应当充分考虑并尊重刘某某自身的选择和意愿，从保护老年人的合法权益、保障刘某某能够安度晚年的角度，应当判决解除上诉人刘某某与被上诉人岳某某订立的遗赠扶养协议。

【对照适用】

该条规定源于原《继承法》第31条。原第31条共有两款，现条文删除了原第31条第2款，保留了第1款的内容。在措辞上，本条将原第31条第1款的“公民”改为“自然人”，将“扶养人”改为“继承人以外的组织或者个人”。

第一千一百五十九条　分割遗产，应当清偿被继承人依法应当缴纳的税款和债务；但是，应当为缺乏劳动能力又没有生活来源的继承人保留必要的遗产。

【要义精解】

本条是关于必留份与遗产债务清偿顺序的规定。同时存在必留份与遗产债务的，必留份优于遗产债务受偿。

《民法典》第1141条规定：“遗嘱应当为缺乏劳动能力又没有生活来源的继承人保留必要的遗产份额。”这是法律对生存面临特殊困难的继承人给予的特殊保障，是养老育幼原则在继承法规则中最为强烈的表达。1985年《继承法意见》第61条明确规定：“继承人中有缺乏劳动能力又没有生活来源的人，即使遗产不足清偿债务，也应为其保留适当遗产，然后再按继承法第三十三条和民事诉讼法第一百八十条的规定清偿债务。”此规定确立了必留份相较于遗产债务的优先地位。例如，在寇某梅、寇某霞、寇某钰与秦某1、秦某某、迪庆公路局、香格里拉市交通运输局机动车交通事故责任纠纷案[1]中，法院指出：对于秦某某是否应在继承陈某容遗产范围内承担赔偿责任的问题，因秦某某系秦某1和陈某容的婚生子，本案事故发生时尚未成年……陈某容的遗产在清偿其债务时应保留适当份额作为秦某某的必要生活费用，其余遗产用于清偿债务，上诉人要求秦某某在继承陈某容遗产范围内承担赔偿责任，即将其继承的全部遗产用于清偿债务的主张本院不予支持。

【对照适用】

该条规定源于原《继承法意见》第61条。在内容上，将原司法解释中引入的相关法律规范填补到该条文中。在措辞上，本条文将“保留适当遗产”改为“保留必要的遗产”。

第一千一百六十条　无人继承又无人受遗赠的遗产，归国家所有，用于公益事业；死者生前是集体所有制组织成员的，归所在集体所有制组织所有。

【要义精解】

本条是关于无人承受遗产的规定。

1985年《继承法》第32条规定：“无人继承又无人受遗赠的遗产，归国家所有；死者生前是集体所有制组织成员的，归所在集体所有制组织所有。”本条在基本延续1985年《继承法》第32条规则的同时，增加了关于无人继承遗产用途的规定，即“用于公益事业”。

无人承受的遗产，是指没有继承人或受遗赠人承受的遗产。在实践中，可能会出现找不到任何继承人、受遗赠人的情况，法院还可能发布公告寻找继承人，在寻找无果的情况下，则可依据本条规定判决将该财产收归国有。例如，在上海市机械施工公司申请确认财产无主案中，法

[1] 寇某梅、寇某霞、寇某钰与秦某1、秦某某、迪庆公路局、香格里拉市交通运输局机动车交通事故责任纠纷案，四川省攀枝花市中级人民法院（2017）川04民终906号民事判决书。

院在判决书中申明：该遗产未发现合法继承人和受遗赠人，应作为无人继承的遗产，收归国家所有。为查清江恒元是否有合法继承人，申请人做了大量的调查寻找工作。上海市杨浦区人民法院在公告栏贴出公告，又在《法制日报》上刊登了公告。公告满一年后，仍未发现合法继承人，应确认该遗产属于无人继承又无人受遗赠的遗产，依法收归国家所有。[1] 又如，在苍梧县大坡镇大坡村大坡组诉林某生等遗产归属案[2]中，法院经审理查明：林某昌生前未婚，无妻儿、兄弟姐妹，父母、祖父母、外祖父母先于其死亡。自其母黄某英于1993年1月病故后，就过着自食其力的单身汉生活。林某昌因交通事故死亡后，户口被注销，该户成为绝亡户。而主张继承的当事人林某生之父林某贤与林某昌之父林某记是林某华所生的同胞兄弟，林某生与林某昌是同源祖父（林某华）堂兄弟关系，即三代旁系血亲，因此无继承资格，该遗产属于无主遗产，应当收归国有。

在具体的遗产归属层面，本条按照被继承人的身份规定了两种不同的遗产归属方式。死者生前是集体所有制组织成员的，归所在集体所有制组织所有；死者生前不具备集体所有制组织成员身份的，归国家所有。无人继承的遗产先清偿遗产债务之后，剩余的部分才能归国家或集体所有。

本条的适用并不排斥《民法典》第1131条酌分遗产制度的适用："对继承人以外的依靠被继承人扶养的人，或者继承人以外的对被继承人扶养较多的人，可以分给适当的遗产。"基于此，实践中发生较多的法定继承人范围外被继承人的"远亲"对被继承人扶养较多的情况，一方面其酌分遗产请求权并不因该遗产变为无主财产而被排斥；但另一方面该酌分遗产人也不能基于"扶养+远亲"的关系而直接获得法定继承人的资格，而仅能在酌分遗产制度的框架下由法院酌定其可以分得的份额。对此，1985年《继承法意见》第57条予以确认："遗产因无人继承收归国家或集体组织所有时，按继承法第十四条规定可以分给遗产的人提出取得遗产的要求，人民法院应视情况适当分给遗产。"

---

〔1〕上海市机械施工公司申请确认财产无主案，上海市杨浦区人民法院（1992）杨法民字第1409号民事判决书。

〔2〕苍梧县大坡镇大坡村大坡组诉林某生等遗产归属案，广西壮族自治区苍梧县人民法院（2002）苍民初字第215号民事判决书。

【对照适用】

该条规定源于原《继承法》第32条，并在内容上与原第32条大体上一致。但本条文增加了无人继承又无人受遗赠的遗产，在归国家所有后，该遗产须“用于公益事业”的规定。

第一千一百六十一条　继承人以所得遗产实际价值为限清偿被继承人依法应当缴纳的税款和债务。超过遗产实际价值部分，继承人自愿偿还的不在此限。

继承人放弃继承的，对被继承人依法应当缴纳的税款和债务可以不负清偿责任。

【要义精解】

本条是关于限定继承原则的规定。

限定继承这一概念是相对于无限继承的概念而言的，所谓限定继承，是指继承人对遗产债务的偿还以所得遗产实际价值为限的原则。与之相对，无限继承指的是“继承人以其所有继承财产上的积极财产和本人固有财产对被继承人的债权人债权进行清偿”。[1]二者相比，无限继承更倾向于保护债权人的利益，也更为符合传统的“父债子偿”的观念；限定继承则更为尊重继承人的独立人格，不使继承人的人格发展因父辈的负债而受到负面影响。我国采取的是无条件限定继承的立场，即无论继承人是否制定遗产清单，是否存在伪造遗产清单、隐匿遗产的情形，只要继承人接受继承，便受到限定继承原则的保护。

在具体清偿时，继承人只需要以所得遗产的实际价值为限进行清偿，而无须在遗产价值之外以自身财产负担被继承人生前所欠税款和债务。但是，如果继承人自愿以自身财产进行清偿的话，则不得在事后以限定继承为由，向债权人主张返还给付，此处法条以明文排除了不当得利的返还，因此也无须讨论继承人清偿被继承人债务是否属于为道德义务而为的给付。继承人的继承是对被继承人财产上权利义务的一并继承，虽然其偿还以其继承的财产

---

〔1〕于晓：《论我国限定继承制度的完善——以我国台湾地区“民法”继承编为参照》，载《东岳论丛》2015年第6期，第185页。

价值为限，但是若继承人不想偿还遗产债务，则须放弃继承。

【对照适用】

该条规定源于原《继承法》第 33 条，第 33 条有两款规定，其规则分别被本条文的两款规范所涵盖。在内容上，本条文第 1 款的表述顺序有一定调整，使其逻辑性更强，但无实质改变；将“他的遗产”改为“继承人以所得遗产”，用词更加规范。本条文第 2 款将“偿还责任”改为“清偿责任”。

第一千一百六十二条　执行遗赠不得妨碍清偿遗赠人依法应当缴纳的税款和债务。

【要义精解】

本条是关于遗赠与遗产债务清偿的关系的规定。

主流意见通常认为遗赠是不负任何负担的财产给付，也就是说，被继承人遗赠的只能是积极的财产权利，而不附带任何消极的义务。但为了避免现实中被继承人在自身依旧负担未缴纳的税款和债务的情况下，将全部遗产遗赠出去导致税款和债务无法清偿，从而损害债权人的利益，本条规定执行遗赠不得妨碍清偿遗赠人依法应当缴纳的税款和债务，依据《民法典》第 1163 条之规定，尽管在既有法定继承又有遗嘱继承、遗赠的情况下由法定继承人清偿被继承人依法应当缴纳的税款和债务，在限定继承的框架下，法定继承人是第一位的遗产债务偿还人，但如果法定继承人所继承的遗产价值不足以偿还债务的话，那么超过法定继承遗产实际价值部分，由遗嘱继承人和受遗赠人按比例以所得遗产进行清偿。

【对照适用】

该条规定源于原《继承法》第 34 条，与原条文内容一致，没有修改。

第一千一百六十三条　既有法定继承又有遗嘱继承、遗赠的，由法定继承人清偿被继承人依法应当缴纳的税款和债务；超过法定继承遗产实际价值部分，由遗嘱继承人和受遗赠人按比例以所得遗产清偿。

【要义精解】

本条是关于遗产债务清偿时清偿义务人顺位的规定。

遗赠在理论上分为概括遗赠与特定遗赠。所谓概括遗赠，是指遗赠人将遗产的权利与义务一并遗赠给受遗赠人；而特定遗赠则指的是遗赠人仅将特定的积极财产遗赠给受遗赠人，而不能将消极的财产义务一并遗赠。换言之，受遗赠人获得的仅是积极的财产利益，而不承担任何遗产债务。我国通说认为，我国仅承认特定遗赠，而不承认概括遗赠。[1]这就决定了受遗赠人的清偿义务顺位原则上劣后于继承人。而在遗嘱继承的情形下，被继承人以明确的意思对遗产作出了安排，在法定继承部分的财产足以清偿拖欠税收与债务的情形下，被继承人的意思自治得到充分尊重，因此遗嘱继承人的清偿义务顺位劣后于法定继承人。但需要注意的是，本条并未在遗嘱继承人与受遗赠人之间进行进一步的区分，而是规定超过法定继承遗产实际价值部分，由遗嘱继承人和受遗赠人按比例以所得遗产清偿。

这一规则的适用可能在实践中造成较为特殊的情形。例如，在李某春诉刘某清债务纠纷案[2]中，被继承人徐某（继承人之母）于1996年11月11日去世，其生前系个体工商户北乐园酒家经营者。徐某共养育四个儿子、四个女儿，均已成人并分家另过。1995年11月28日，徐某立遗嘱一份，指定由其长子李某春继承北乐园酒家的财产及债权。徐某生前居住的楼房在遗嘱中并未提及。经众子女协商，由徐某的长女李某珍以法定继承人的身份继承，其他子女自愿放弃继承权。徐某在经营北乐园酒家期间先后从刘某清处赊购海鲜等共欠款3335.40元，徐某去世一个月内，刘某清曾向李某春索要欠款未果。法院在二审时认为：该债务系北乐园酒家经营之债，且该酒家房屋和经营权及债权均由李某春继承，所以该债务亦应由李某春负责清偿。李某春不服二审判决，向黑龙江省检察院提出申诉。黑龙江省人民检察院抗诉认为，根据原《继承法意见》第62条“遗产已被分割而未清偿债务时，如有法定继承又有遗嘱和遗赠的，首先由法定继承

---

〔1〕 蒋月主编：《婚姻家庭与继承法》（第三版），厦门大学出版社2014年版，第366页。

〔2〕 李某春诉刘某清债务纠纷案，黑龙江省大庆市中级人民法院（2002）庆民再字第62号民事判决书。

人用其所得遗产清偿债务；不足清偿时，剩余的债务由遗嘱继承人和受遗赠人按比例用所得财产偿还……”的规定，此笔债务应首先由法定继承人李某珍偿还，不足部分才由遗嘱继承人李某春偿还，判决由李某春偿还适用法律不当。法院再审时则支持了抗诉意见，同样认为基于《继承法意见》第62条的规定，此笔债务应首先由法定继承人李某珍负责清偿，不足部分才由李某春负责清偿。

这一案件充分反映出机械适用本条规则导致的结果与一般生活经验的背离。徐某在订立遗嘱时大概不会想到这样一种复杂的债务清偿思路：继承了生意的长子却不必清偿此前经营所欠的债务，该债务却由继承了房屋的女儿清偿。在现实生活的语境下，徐某订立遗嘱时的真实意思必然是将生意概括地遗留给长子李某春，既令其获得与之相关的财产利益，也要承担相应的债务。正如本文之前指出的那样，之所以令遗嘱继承人劣后于法定继承人清偿遗产债务，是因为这符合通常情形下被继承人（遗嘱人）的真实意思：例如被继承人通过遗嘱留给长子一套房子，而还有3000万元存款要依据法定继承办理，那么被继承人的意思大概不会是让长子从这一套房子的价值中清偿被继承人自己尚拖欠的500万元外债，而是直接从3000万存款中清偿。但是本案的情形与上述情形截然相反，如果再机械适用本条，则可能造成法律规则严重背离生活经验的后果。

【对照适用】

该条规定源于原《继承法意见》第62条。在内容上，本条首先将原司法解释中“遗产已被分割而未清偿债务时”删掉，用语更加简练；其次，将“清偿债务”的范围扩大到“清偿被继承人依法应当缴纳的税款和债务”；最后，将“如果只有遗嘱继承和遗赠的，由遗嘱继承人和受遗赠人按比例用所得遗产偿还”部分删掉。

第二部分

案例评析与指引

第一章　一般规定

案例1：余某宾与顾某福、朱某凤等保险纠纷案
[（2012）鼓商初字第497号]

【法条指引】

《民法典》第1121条，关于难以确定死亡先后顺序之时的推定规则的规定。

【案例事实与裁判】

关于顾某和余某在同一交通事故中同时死亡的情况下，如何推定死亡先后顺序的问题。本院认为，应推定受益人先于被保险人死亡，理由如下：（1）交通事故认定书载明顾某、余某在同一事故中当场死亡。余某宾主张以尸体检验鉴定书、理赔领款通知书、顾某和余某的座位分布，以及事故发生的过程来推定顾某死亡在先的意见，没有事实依据，本院不予采纳。（2）本案系保险合同纠纷，确定的是保险金的归属问题，应当适用《保险法》的规定。根据《保险法》的有关规定，被保险人死亡后，有下列情形之一的，保险金作为被保险人的遗产，由保险人依照《继承法》的规定履行给付保险金的义务。受益人与被保险人在同一事件中死亡，且不能确定死亡先后顺序的，推定受益人死亡在先。保险与继承是不同性质的法律关系，在两份保险合同所建立起的两个相互独立的法律关系范围内，可以对同一事件的有关事实作出不同的推定。即便国寿江苏分公司已在被保险人为余某、受益人为顾某的保险合同中作出了顾某死亡在先的推定，在本案中又作出余某先死亡之推定，仍然符合法律规定和保险法原理。本案中，被保险人顾某与受益人余某在同一起交通事故中死亡，应当适用《保险法》的相关规定推定受益人余某先死亡。（3）从法律适用的角度上看，《保险法》属于特别法，应当予以优先适用。根据《继承法》司法解释的有关规定，相互有继承关系的几个人在同一事件中死亡，如不能确定

死亡先后时间的，推定没有继承人的人先死亡。死亡人各自都有继承人的，如几个死亡人辈份不同，推定长辈先死亡；几个死亡人辈份相同，推定同时死亡，彼此不发生继承，由他们各自的继承人分别继承。该规定解决的是相关主体是否有继承权的问题，其前提是被继承的遗产已经确定，不存在遗产归属的争议。但在本案中，被保险人顾某与受益人余某在一起事故中同时死亡，保险金应当成为谁的遗产尚且存在争议，不存在适用上述司法解释的前提条件。同时，《继承法》司法解释只是规定了在继承过程中相互有继承关系的几个人在同一事件中死亡的情况下，遗产处理的一般原则。而相互有继承关系的几个人在同一事件中死亡，其中两人还存在被保险人与受益人这一特殊法律关系的情况下，《保险法》则作出了推定受益人先死亡的特殊规定。因此，根据特别法优于普通法的原则，上述《保险法》的规定应当予以适用。

【案例评析】

本案关注的是一个特别法优先适用的问题，但是两部法律的基本逻辑是一致的，即保障被继承人死亡之后利益能归属于家属，同时不将继承关系进一步复杂化。

案例2：徐某某遗赠纠纷案
[（2012）浦民一（民）初字第21791号]

【法条指引】

《民法典》第1124条，关于放弃继承、放弃受遗赠的规定。

【案例事实与裁判】

原告徐某1系被告徐某之子，七被告系兄弟姐妹关系。2000年11月6日，张某立下遗嘱，表示在其故世后，系争房屋遗赠给其孙子徐某1即本案原告所有，本遗嘱由徐某1保管执行。上述遗嘱经上海市浦东新区公证处公证，并出具了编号为（2000）沪浦证字第6200号遗嘱公证书。系争房屋由张某居住使用。2007年12月21日张某去世，系争房屋由原告居住使用并出租，系争房屋的房地产权证及前述遗嘱、遗嘱公证书均由原告保管。

法院认为：本案争议的焦点在于，原告作为受遗赠人是否在知道受遗赠后两个月内作出接受或者放弃受遗赠的表示。本案中，被继承人所立遗嘱由原告保管，原告知晓该遗嘱的事项。在被继承人张某死亡后，系争房屋的房地产权证由原告保管，系争房屋由原告居住使用并出租，原告以上述行为表示其接受其祖母的遗赠；同时，被告亦无证据证实原告对系争房屋放弃受遗赠的表示。

【案例评析】

本案关键在于法院将实际占有遗产推定为接受遗赠。考虑原《继承法》对接受遗赠的意思应向哪个主体作出并未规定，这样占有遗产具有公开性质的行为，被推定为接受遗嘱，是值得肯定的。

案例3：赵某萍、禹某林、禹某梅与苏某英、禹某生继承纠纷案 [（2010）洛民终字第1191号]

【法条指引】

《民法典》第1125条，关于继承权丧失的规定。

【案例事实与裁判】

本案苏某英之子、禹某生之父禹某辰系洛阳市二轻局供销公司职工，在禹某生8岁时，禹某辰与赵某萍结婚，后生育禹某林、禹某梅。某地104室在1977年由二轻局分给禹某辰居住，1996年房改时禹某辰购得该房，2004年6月办理了房产证，所有人登记为禹某辰；禹某林1996年在二轻局参加工作，同年参加房改购买了某地202室，1998年结婚，202室的房产证于2004年6月办理在禹某林名下，价款为8681元；2004年10月5日，禹某辰骑车撞上窨井盖，后因受伤去世，此时禹某生因触犯刑律已在监狱服刑；2006年3月16日，洛阳市瀍河区公证处作出（2006）洛瀍证民字第031号公证书，公证书主要内容为"被继承人禹某辰，继承人赵某萍、禹某林、禹某梅，经查，禹某辰生前无遗嘱，其生前遗留的104室房产依法由其父母、配偶、子女共同继承，现被继承人的父母先于其病故，被继承人的长女禹某林、次女禹某梅自愿放弃继承权，故被继承人生前遗留的房产由其配偶赵某萍继承"，104室房产证于2006年4月办在赵某萍名下，房产证附记栏记载取得方式为继承，原产权人为禹某辰。禹某生于2006年11月刑满出狱，现与苏某英住在202室。104室有两间临街房，于2000年7月开始对外出租，一间大一间小，2005年以前，同地段相同出租房月租金每间为800—900元，此后至今，大间每月租金为1200—1500元，小间每月租金为1000—1200元，租金基本由赵某萍收取。二原告因与三被告就房屋继承之事无法协商一致，遂引发本案纠纷。

法院认为：根据《继承法》第7条规定，继承人有下列行为之一的，丧失继承权：（1）故意杀害继承人的；（2）为争夺遗产而杀害其他继承人的；（3）遗弃被继承人的，或者虐待被继承人情节严重的；（4）伪造、篡改或者销毁遗嘱情节严重的。本条的立法本意是对故意发生、变更、妨碍继承事实，侵害被继承人、其他继承人人身、财产权利的继承人，予以惩罚，保护被继承人、其他继承人的权利，维护法律秩序和社会公德。本案三被告赵某萍、禹某林、禹某梅通过公证书的形式，掩盖事实真相，人为创造赵某萍一人继承的事实，企图使二原告苏某英、禹某生丧失继承权。依据《继承法》第7条的本意，伪造、篡改或者销毁遗嘱情节严重的行为只是使其他继承人无法继承财产，其他继承人的人格权未受影响，本案三被告通过拟制消灭二原告的人格权，不但影响二原告继承财产，还侵犯了其人格权利，较之伪造、篡改或者销毁遗嘱的行为更为严重，较轻的伪造、篡改或者销毁遗嘱的行为尚且应丧失继承权，三被告拟制二原告人格消灭的行为当然更应丧失继承权。故举轻以明重，本案三被告丧失继承104室50%份额的权利，该50%的份额由二原告继承。

【案例评析】

案件本质上是伪造公证书欲使得其他继承人丧失继承权的行为，事实上并不属于立法明确规定的丧失继承权的类型。但是法院以举轻以明重的逻辑，使得判决结果符合正义期待。由本案可以看出，对于丧失继承权中“情节严重”的认定，缺乏明确的判断标准，在司法裁判中由法院进行自由裁量。

第二章　法定继承

案例4：王某1、王某2代位继承纠纷案
[（2019）闽02民终5178号]

【法条指引】

《民法典》第1128条，关于代位继承规则的规定。

【案例事实与裁判】

卢某褒，女，1991年3月病故，配偶王某衔先其死亡，其生前育有长子王某2、次子王某7、三子王某泰、长女王某4、次女王某3、三女王某5、四女王某6、五女王某真。王某泰于某年某月某日与案外人陈某花登记结婚，并于某年某月某日生育独生女王某1，1986年5月，王某泰病故；王某真的配偶为吴某1，独生女为吴某2，2016年，王某真病故。原厦门市同安区大同镇双溪街大横街48号房屋（产权面积57.57平方米）的产权人为卢某褒。2011年间，原厦门市同安区大同镇双溪街大横街48号房屋因“南北大通道B段（一期）”建设项目被依法征收。2011年10月10日，王某2、陈某花签署《授权委托书》，将大横街48号房屋的征收补偿事宜委托王某7全权处理，王某7有权签署产权调换或者货币补偿等文件。2012年6月26日，王某3、王某4、王某5、王某6、王某真签订《放弃继承权声明书》，声明五人自愿无条件放弃大横街48号房产的继承权。2012年8月31日，王某7、厦门市同安区土地房屋征收办公室、厦门市同安区人民政府大同街道办事处签订《“南北大通道B段（一期）”建设项目国有土地上房屋征收搬迁协议书》，确定拆迁安置方式为产权调换，安置房的合同地址为同安区制面厂安置房1号楼403室，实际建筑面积为84.99平方米。该协议书第8条补充条款第2款载明，房屋产权人卢某褒已故，该被征收房屋已灭失，现查明之继承人为王某2、王某7、陈某花及五个女儿，其中，王某真、王某4、王某3、王某5、王某6放弃继承权，由王某

2、王某7、陈某花三人以产权调换方式签订协议，负责代办房屋征收安置手续，并维持原权属关系不变。同日，王某7、王某2及陈某花签订《协议》一份，载明："由于大同街道大横街48号房屋被征收，安置到三秀制面厂（安置房）1号楼403室，继承人有王某2、王某7、陈某花。其中王某2和陈某花放弃继承权，由王某7全权继承，王某7付给王某2和陈某花各人民币壹拾壹万肆仟贰佰壹拾捌元整（114218元）。王某2和陈某花须积极帮助王某7办理后续的购房手续，直到办出王某7的个人房屋产权。三方经过协商，一致通过本协议。"同日，王某2及陈某花签订《放弃继承权声明书》，声明二人自愿无条件放弃大横街48号房产的继承权。王某1代理陈某花在上述《协议》和《放弃继承权声明书》上签字按手印。王某7于当日向王某2支付114218元，并向王某1提供的陈某花名下尾号为5225的中国工商银行账户转账114218元。2016年下半年，案涉安置房实际交付给王某7。另查明，案涉安置房尚未办理产权证，现由王某7实际管理使用。2017年8月23日，王某7将该房屋出租给案外人杨石生，租期三年，租金为每月1550元。

法院认为：王某1主张其代陈某花在《协议》及《放弃继承声明书》上签字的行为，放弃的是陈某花的继承权，而非自己的继承权。并起诉请求"确认王某1是卢某褒的代位继承人"。根据上述查明的事实和《继承法》第11条的相关规定，王某1是王某泰的独生女，有权在王某泰应继承卢某褒的遗产份额内代位继承。根据《继承法意见》第47条的规定，"继承人放弃继承应当以书面形式向其他继承人表示"，在王某1未书面通知其他继承人放弃继承的情况下，其代陈某花在上述《协议》及《放弃继承声明书》上签字的行为并非是放弃代位继承权的意思表示。王某7主张王某1代陈某花的签字行为，实际上放弃的是王某泰所应继承的份额，于法无据，本院不予采纳。一审对此在本院认为的说理部分予以认定王某1是代位继承人正确，却又判决驳回其诉讼请求不当，本院予以纠正。王某1的该上诉请求成立，本院予以支持。

【案例评析】

王某1的父亲先于被继承人死亡，王某1有权代位继承父亲应当继承的遗产份额。而陈某花在本案中，以丧偶儿媳身份作为第一顺序继承人。王某1代陈某花签字的行为，并非其本人放弃继承权的意思表示。

因此，王某1有权作为代位继承人参与遗产继承。此外，如本案事实部分所述，各方当事人签订的《协议》确认，法定继承人有王某2、王某7、陈某花，而将王某1排除在外。若将丧偶儿媳与代位继承人同列为第一顺序继承人，则与按支继承的理念不相符，也与一些情况下人们的观念相背离。

案例5：陈某1与陈某2等继承纠纷案 [（2014）西少民初字第08042号]

【法条指引】

《民法典》第1129条，关于丧偶儿媳、丧偶女婿的特殊继承权的规定。

【案例事实与裁判】

原告陈某1系被继承人戴某2的女儿，被告陈某2系被继承人戴某2的孙女，高某系被继承人戴某2的儿媳。被继承人戴某2与丈夫陈某4有一子一女：陈某1、陈某3。本案诉争房产北京市西城区牛街西里一区某号楼某号所登记的产权人为戴某2。陈某3于2011年6月2日去世。陈某3与妻子高某婚后育有一女陈某2。陈某3去世后，高某与戴某2共同居住在本案诉争的房产中。此外，双方均认可，本案诉争房产系戴某2、陈某4的夫妻共同财产；陈某4去世后，未留有遗嘱，遗产亦未进行分割。戴某2于2013年6月16日去世。

庭审中，被告高某为证明自己尽了主要的赡养义务，提交北京市回民医院住院病案，其首页登记的联系人为高某；北京市西城区回民殡葬管理处出具的收据上付款人为高某。原告对住院病案、收据的真实性认可，但认为无法证明高某对戴某2尽了主要赡养义务，且老人丧葬事宜并不是高某一个人处理的。高某还提交了一份盖有牛街西里一区社区居民委员会公章的情况说明，证明高某与戴某2、陈某2共同生活在牛街西里一区某号楼某号。

判决结果：（1）北京市西城区牛街西里一区某号楼某号由陈某2、高某所有，陈某2、高某于本判决生效之日起30日内给付陈某1房屋折价款1613680元。（2）驳回原告陈某1其他诉讼请求。

裁判理由：对于高某作为丧偶儿媳，是否作为第一顺序的继承人参与诉讼，根据相关法律规定，对被继承人生活提供了主要经济来源，或在劳务等方面给予了主要扶助的，应当认定其尽了主要赡养义务或主要扶养义务。本案中，被继承人戴某2每月高龄补贴100元，月收入在2500—2800元，保姆费用亦是老人以自己收入进行支付的。高某虽然与被继承人戴某2共同居住，但其所提交的证据材料无法证实高某对戴某2提供了主要经济来源，亦不足以证实高某在劳务方面对戴某2给予了主要扶助，故高某的该项主张，依据不足，本院不予采信。

对于诉争房产，双方均认可为戴某2、陈某4的夫妻共同财产。陈某4去世后，其遗产份额即诉争房产的二分之一份额由法定继承人戴某2、陈某1、陈某3进行继承。陈某3去世后，其法定继承人高某、陈某2、戴某2对陈某3所占房产份额进行继承。戴某2去世后，其法定继承人陈某2、陈某1对戴某2所占房产份额进行继承。被告主张陈某2没有生活来源，分割遗产时应予多分，但其母高某有工作，有收入来源，故对于该项主张，本院不予支持。原告主张继承戴某2的养老补贴等存款60000元，但经核实，戴某2去世时其账户不足百元，且原告未能提交证据材料证实戴某2的存款为60000元，故对于该项主张，本院不予支持。原告要求被告支付垫付的房款及其利息，但未能提交书面证据予以证实，故该项主张依据不足，本院不予支持。因高某一直居住使用该诉争房产，且其在庭审中明确表示有给付折价款的能力，故该房产由陈某2、高某所有，由陈某2、高某给付陈某1相应的折价款为宜。

【案例评析】

法院对于“主要赡养义务”的认定标准比较高，不仅要求共同居住，还要求证明为被继承人提供了主要的经济来源，或者在劳务方面提供了主要的扶助。丧偶儿媳与被继承人单独相处的时间、被继承人的经济状况等因素，也都会被纳入考虑的范围。

案例6：陶某与汪某1、汪某2等继承纠纷案
[(2020)吉24民终115号]

【法条指引】

《民法典》第1130条，关于法定继承下遗产分配规则的规定。

【案例事实与裁判】

陈某兴与沈某宝系再婚，二人育有子女三人，分别是陈某2、陈某3和陈某1；沈某宝与前夫育有女儿沈某，双方离婚后沈某跟随沈某宝共同生活，陈某兴与沈某宝结婚时沈某尚年幼，后沈某跟随陈某兴、沈某宝共同生活。沈某宝于2007年7月8日办理户籍注销手续，陈某兴于2017年5月11日去世。讼争房产204室房屋（海宁房权证海房字某号）登记于陈某兴名下。2012年起，陈某1和陈某兴共同居住于上述204室房屋；2015年开始，陈某兴每月向陈某1支付生活费1000余元，2016年至2017年3月每月支付生活费2000元；2015年8月至2016年5月，陈某兴居住在养老院，养老院的费用由陈某兴自行以退休金交纳。

裁判理由：《继承法》第13条第1款规定，同一顺序继承人继承遗产的份额，一般应当均等。本案中，陈某1主张其与被继承人陈某兴共同生活，对陈某兴的生活起居照顾较多，应当多分。经查，陈某兴本人有退休金收入。2015年8月至2016年5月陈某兴居住养老院期间，相关费用均由陈某兴本人交纳。陈某兴生病住院期间产生的医疗费用，除去社保报销部分，均由陈某兴的个人积蓄负担。陈某2、陈某3、沈某与陈某1均确认未向陈某兴给付过赡养费。由此可见，陈某2、陈某3、沈某与陈某1均未在经济上对陈某兴给予资助，陈某兴生前主要以其本人退休金及个人积蓄维持各项生活支出。没有证据证明陈某1对陈某兴尽了主要扶养义务，陈某1虽与陈某兴共同生活，但陈某兴2015年至2017年3月每月向陈某1支付1000元至2000元不等的生活费用。陈某1要求多分遗产的请求，没有事实和法律依据，本院不予支持。

【案例评析】

在经济上的资助，是判断是否“尽了主要扶养义务”的一项重要因素。在被继承人有一定的经济能力，如有退休金、社保等维持各项生活支出时，法院很难认定各继承人尽了主要扶养义务。另外，共同生活并非本条第3款酌情多分得遗产的充分条件。本案中，虽然陈某1与陈某兴共同生活，但陈某1并未给予其任何经济上的资助。因此，法院未支持陈某1多分遗产的请求。法院并未直接适用法律的明确规定，也是值得关注的一个事项。

案例7：梁甲申请认定财产无主案

[（2013）闵民一（民）特字第48号]

【法条指引】

《民法典》第1131条，关于“酌分遗产”制度的规定。

【案例事实与裁判】

申请人梁甲称，梁乙与梁甲系堂兄妹关系，梁乙于2013年3月5日左右死亡，梁乙无配偶、子女，其父母均死亡在先，梁乙无法定继承人，也未留有遗嘱。梁乙生前虽有最基本的生活自理能力，但卫生状况极差，申请人十多年来大概每周去梁乙住处一次，主要帮其打扫卫生，料理日常生活，梁乙曾多次因病住院，均由申请人梁甲进行照顾。梁乙的丧葬事宜及最后的房租等费用亦均由申请人负担，申请人多年来从生活上、精神上对梁乙照顾较多。申请人请求判决：梁乙的遗产银行存款为无主财产，归申请人所有。

法院认为：根据法律规定，无人继承又无人受遗赠的遗产，归国家所有。遗产因无人继承收归国家所有时，继承人以外的对被继承人扶养较多的人，应视情况适当分给遗产。本案中，梁乙无继承人，亦未留有遗嘱，故其名下遗留的银行存款应认定为无主财产。根据本案查明事实可见，申请人梁甲在梁乙生前曾长期给予照顾，故按照法律规定应当适当分给遗产。对于分得遗产的比例，本院分析如下：首先，梁甲十多年来定期看望、照顾梁乙日常生活，在梁乙生病住院时亦由其进行照顾，梁甲的上述行为时间跨度较长，实属不易，应予褒扬，符合法律规定的扶养较多情节，梁甲有权要求分得适当的遗产；其次，在梁甲长期照顾梁乙的过程中，除其支出的丧葬费及垫付的租金等直接支出费用外，其十多年来为照顾梁乙所花费的时间、精力亦应作为重要的因素在处理遗产时予以考虑；最后，根据本案查明事实，梁乙自身虽生活自理能力较差，但其多数时间仍自己单独生活，基本的日常生活费用支出亦由其自行承担，故上述因素同样应加以考量。综合以上论述并结合本案具体案情，本院酌情确认由梁甲分得梁乙遗留存款中的45万元，较为适当，除此之外的剩余部分，应作为无主财产处理，并收归国有。

【案例评析】

本案中，申请人请求取得全部银行存款，但是法院在审理后考虑了被继承人单独生活的现实，酌情给予了45万元的遗产，其他依然收归国有。从现实来看，被继承人虽然有一定的生活能力，但是本案中的申请人几乎是被继承人生前唯一的依靠，特别是在住院等情况下，申请人对被继承人的“扶养”意义是显著的。

第三章　遗嘱继承和遗赠

案例8：常某1与常某3等遗嘱继承纠纷案
[（2021）京03民终11544号]

【法条指引】

《民法典》第1135条、第1136条，关于代书遗嘱和打印遗嘱的规定。

【案例事实与裁判】

2017年2月25日在常某1住处，在见证人李某、张某的见证下，常某4立下“代书遗嘱”，在遗嘱中载明：位于北京市通州区某号院内北房四间的东数第一间、第二间、第三间以及我应继承老伴陈某的部分，待我百年后，由女儿常某1继承。并留有视频，视频中没有显示立遗嘱人常某4口述遗嘱内容的情节，也没有显示代书人代书遗嘱的内容情节，只是显示了立遗嘱人常某4在哭泣中念读事先打印好的遗嘱内容及遗嘱见证人李某、张某和遗嘱继承人常某1在遗嘱上签字的内容。

一审法院认为，在订立代书遗嘱的过程中，立遗嘱人的口述、代书人代为书写的行为以及见证人的见证行为是同时或基本上同时发生的。就立遗嘱人来说，应将全部内容清晰、准确地表述出来；就代书人来说，其应将其所听到的内容如实地记录下来；就见证人来说，其应认真地听取立遗嘱人所表达的意愿，并认真监督代书人是否履行了代书职责，同时附有核对代书人所书写的遗嘱内容是否与立遗嘱人所表达的意愿相一致的职责。在空间的同步性上，遗嘱人、代书人、见证人这三类人要同时在同一个场合参与订立遗嘱的行为。代书人或立遗嘱人不得在遗嘱订立完毕后，另行找其他见证人签名表示见证。如果存在这种情况，代书遗嘱即为无效遗嘱。为保证遗嘱的真实性以及立遗嘱人处分财产意思表示的准确性，在订立代书遗嘱时必须有两个以上的见证人在场见证。其中一人代为书写，并由立遗嘱人、代书人和其他见证人签名并注明年、月、日。代书人在遗嘱书写完毕后，应将遗嘱的内容向立遗嘱人进行宣读或将代书的遗嘱交由立遗嘱人进行审核。以此确保立遗嘱人的真实意思能够被完整、准确地记录下来。本案中，从常某1提交的视频证据来看，无法确定两个见证人中的哪一位为遗嘱代书人，仅能确认两个见证人见证了立遗嘱人对遗嘱内容进行宣读的情况，在形式要件上不符合代书遗嘱的要求，因此，该份遗嘱不是一种有效的代书遗嘱。

打印遗嘱是指先用电脑将遗嘱内容书写完整，然后用打印机将书写好的遗嘱打印出来的遗嘱。为保证打印遗嘱的内容体现立遗嘱人的真实意愿，不至于被他人伪造、篡改，在订立打印遗嘱时，需要有两个以上的见证人在场见证。两个以上见证人在场见证也同样适用于满足订立代书遗嘱的时空一致性要求，即见证人应全程参与订立遗嘱的过程，见证遗嘱的全套制作程序。打印遗嘱是通过两个步骤形成的，一是在电脑上书写遗嘱；二是在打印机上将遗嘱打印出来。因此，要求见证人全程参与遗嘱的订立过程，也就是要求见证人全程参与这两个步骤，即在电脑上书写遗嘱时其应在场，全程见证遗嘱人在电脑上书写遗嘱；在打印遗嘱时其也应在场，全程见证电脑中的遗嘱被打印机打印出来。在遗嘱打印出来后，见证人还可以帮助检查打印出来的遗嘱内容与电脑上所书写的遗嘱内容是否一致。本案中，常某1提交的视频无法反映见证人参与见证在电脑上书写遗嘱的情况，也无法反映见证人见证打印机将遗嘱打印出来的情况，仅能够反映见证人见证了立遗嘱人宣读遗嘱内容的情况，即没有见证遗嘱的全套制作程序。因此，该份遗嘱在形式要件上不符合打印遗嘱的要求，不是一种有效的打印遗嘱。

二审法院认为：首先，从遗嘱形式上看，立遗嘱人常某4，两名见证人李某、张某均在打印遗嘱上签字确认，并注明日期，符合打印遗嘱的形式要件。其次，根据当日录像显示，常某4宣读了遗嘱内容，在录像中常某4精神状态良好、言语表达准确、宣读内容明确表达了其将遗产指定由常某1一人继承的意思，宣读后常某4与见证人均在遗嘱上签字确认。上述事实说明常某4对已打印遗嘱内容完全理解并确认，见证人亦见证了上述过程。虽常某4宣读中偶见哭泣，结合常某4曾起诉常某2与常某3支付赡养费以及遗嘱中所提“两个儿子对我不闻不问”等内容，常某1主张常某4哭泣是基于两个儿子对其不赡养而出现情绪激动的解释，具有一定合理性。常某2主张两位见证人与常某1存在利害关系，以及遗嘱是常某 4 受胁迫所立，但对此并未举证证明，本院对其主张不予采信。故常某 4 所立打印遗嘱应认定有效，一审法院对此认定错误，本院予以纠正。

【案例评析】

本案涉及的主要争议是对于遗嘱见证是否符合法律要求的争议。遗嘱的见证要求本人见证、在场见证、全程见证。所谓本人见证，指的是遗嘱见证必须见证人本人亲自为之，不得代理；所谓在场见证，指的是见证人必须亲自来到订立遗嘱的现场，对遗嘱订立的过程进行见证，而不能远程见证、视频见证；所谓全程见证，指的是见证人必须见证遗嘱订立的全过程，既不能中途加入，也不能中途离场，而要从头到尾本人在场进行见证。

实践中需要注意的是，应当避免对遗嘱见证的要求架空遗嘱法定形式的规定。试想，如果实践中要求所有需要见证人的遗嘱都必须同时具备足以证明见证人本人在场全程见证的录音录像资料，那么除了自书遗嘱与公证遗嘱之外的其他遗嘱本质上就都变成了录音录像遗嘱。

案例 9：全某 1、全某 2 遗嘱继承纠纷案
[（2021）豫 13 民终 4078 号]

【法条指引】

《民法典》第 1142 条，关于遗嘱的撤回、变更以及遗嘱效力顺位的规定。

【案例事实与裁判】

2020 年 7 月 16 日，全某林、李某英向淅川县龙城街道上集社区居民委员会提出申请：我们老两口现年事已高，须有人照顾生活。为此，经与两个女儿及女婿商议，并经我们老两口同意，决定由长女全某 1 及女婿苏某伟作为我们老两口的赡养人，负责我们的日常生活起居，并负责处理我们老两口的后事（生养死葬）。我们去世后，我们名下位于上集居委会二组的房产和财产归长女全某 1、女婿苏某伟二人所有。淅川县龙城街道上集社区居民委员会备注同意申请，并加盖公章。自 2017 年至 2021 年两位

老人先后因脑梗死等疾病多次住院，均由全某2照料，平时在家也多由全某2照料。

2020年12月27日，在德高律师事务所律师刘某1、刘某2（代书人）以及邻居赵某平（被告证人）、全某茹的见证下，全某林、李某英在家中立下遗嘱：由于本人年岁已高，为防止本人过世后，子女因遗产继承发生纠纷造成不睦，现在本人头脑神志清醒的前提下，特立此遗嘱对本人合法拥有的财产进行分配……（一）财产：立遗嘱人生前在淅川县上集居委会二组建砖混结构平房三间，面积61.8平方米，无其他存款等财产。（二）处理意见：上述财产均由次女全某2继承，其他人均无权继承以上房产。（三）以上遗嘱经律师代书，在所邀请邻居赵某平、全某茹二人的参与下，经本人核对无误签字后生效……立遗嘱人：全某林、李某英；见证人：刘某1、刘某2；参与人：赵某平、全某茹。上述过程由律师全程录有视频资料。

二老分别于2021年2月10日、2021年2月12日去世，全某2负责办理丧葬事宜。随后，全某2将父母建设银行卡内活期存款分别取出8190元及10210元，二老在中国邮政储蓄银行淅川县城区支行尚留有定期存款88055元及相应利息。

一审法院认为，自然人可以依照法律规定立遗嘱处分个人财产。2020年7月16日二老经向社区居民委员会申请，由长女全某1、女婿苏某伟生养死葬后继承房产及财产。该申请为附有条件的遗嘱，全某1及苏某伟可在履行赡养义务的条件下获取继承房产的权利。在本案诉讼过程中，全某1均未提交其离开住所地驻马店，在淅川履行赡养及埋葬义务的相关证据，反而在屡次的住院病历及全某1证人的陈述中均显示全某2照顾两位老人的情形，故全某1作为诉请的主张方应当承担举证不利的责任，一审法院依法推定全某1未完成遗嘱中限制的义务条件，不能直接获取遗嘱中全部房产及财产。全某2在庭审中提交的2020年12月27日律师见证的代书遗嘱，符合法律规定的代书遗嘱的要件，时间晚于全某1持有的2020年7月16日申请，且与之前申请内容矛盾，根据《民法典》第1142条第3款之规定，遗嘱人立有数份遗嘱，内容相抵触的，以最后的遗嘱为准。全某1虽对该遗嘱的效力及录像视频提出异议，但并未提出有力的证据予以反驳，且对其中二老的签字未申请鉴定，一审法院认为该书证效力高于原告方证人证言的陈述，故一审法院对时间在后的全某2方持有的代书遗嘱予以认定，对全某1的辩解主张不予采信。全某1作为二老的长女可另行主张其法定继承应得的遗产份额。

二审法院认为，全某林、李某英在2020年7月16日向社区居委会出具过申请，明确由长女全某1、女婿苏某伟生养死葬后继承案涉房产及财产，该申请虽具有附条件遗嘱的性质，但遗嘱所明确的附加的生养死葬义务与作为儿女对父母的正常照顾和看望不同，其要求更为严格。而全某林、李某英之后实际跟随全某2生活，主要由全某2照顾扶养，二人去世后也主要是全某2负责办理的丧葬事宜，故不应认定全某1完成了申请所附义务条件，一审未认定全某1可以依照该申请取得其他财产适当。全某林、李某英在出具上述申请后，又于2020年12月27日立下代书遗嘱，在该遗嘱中明确案涉房产由全某2继承，该遗嘱形成时间晚于上述申请，内容上涉及房产继承问题与申请相抵触，依法应以该代书遗嘱为准，一审判决驳回了全某1要求依照申请继承涉案房产的请求正确，应当予以维持。

【案例评析】

本案涉及的是多份内容抵触遗嘱的效力判断问题。遗嘱问题通常首先涉及对法律行为的定性，在该案中，尽管两位老人在“申请”中要求长女承担自己生养死葬的义务，具有遗赠扶养协议的雏形，但因其并未与长女订立契约，而是对有关部门提出的“申请”，因此并不属于遗赠扶养协议，而是附条件的遗嘱。如果长女履行了生养死葬的义务，则可以在被继承人死后获得遗产。

此处的遗嘱应当为附条件遗嘱而非附义务遗嘱，其理由在于：附义务遗嘱的实现方式通常表现为继承开始之后遗嘱指定的继承人获得遗产，其后则需要履行遗嘱所附义务，如果义务不履行，则可能会失去该义务所涉及的遗产，继而由愿意履行义务的继承人继承。其特征在于，义务的履行发生在继承人获得遗产之后。而本案中被继承人要求长女在其生前便承担生养死葬的义务，此处的生养死葬虽然名为义务，但其实质是“条件”——如果长女不履行义务，则不能获得遗产。

若该遗嘱被解释为附条件遗嘱，则该遗嘱根本不生效，也就不产生后面的多份内容冲突遗嘱的效力判定问题。当然，不容忽视的是，我国《民法典》并未明文规定“附条件遗嘱”这一构造，对于遗嘱是否能够附条件，理论中也存在争议。因此，法院将该遗嘱认定为附义务遗嘱，继而通过多份内容冲突遗嘱的效力判断规则否定其效力，有其道理。

案例10：韩某1、韩某2等继承纠纷案
[（2021）鲁02民终11351号]

【法条指引】

《民法典》第1143条，关于遗嘱无效的规定。

【案例事实与裁判】

韩某礼与徐某美系夫妻关系，二人共生育四个子女，大儿子韩某3，长女韩某1、次女韩某芹、小女韩某2。韩某礼因病于1998年12月20日死亡，徐某美于2020年2月13日因病死亡。次女韩某芹于2007年4月18日因病死亡，韩某芹的丈夫系殷某2，其与韩某芹生育一子殷某1。韩某4系韩某3的儿子。韩某礼与徐某美生前出资建设位于黄岛区红石崖街道办事处大疥村某号房屋一处。2018年3月6日，徐某美委托山东光浩律师事务所律师刘某、逄某鹏到韩某3家为其代书遗嘱，并见证遗嘱形成的过程。徐某美所立遗嘱主要内容为：我与丈夫韩某礼在青岛市黄岛区建造房屋一处……属于我和丈夫的夫妻共同财产。我丈夫韩某礼于1998年12月20日去世，二女儿韩某芹于2007年4月18日去世。在我去世之后，我在上述房屋及占用宅基地中的所有份额（包括我应继承我丈夫韩某礼，二女儿韩某芹的遗产份额），由我孙子韩某4全部继承，属于他的个人财产。

韩某1、韩某2、殷某1认为遗嘱无效，其认为徐某美患有脑部疾病多年，意识时而清楚，时而不清楚，有时还会不认识自己的子女，被上诉人韩某4提供的该段录像不能证明2018年立遗嘱时徐某美具有完全民事行为能力。

一审法院认为，本案争议的焦点是徐某美生前所立遗嘱是否有效。韩某4提供的律师见证书、打印件书面遗嘱，徐某美立遗嘱时拍摄的影像记录，可以证实徐某美立遗嘱时具有完全民事行为能力，所立的遗嘱是其真实意思表示，所处分的财产是有处分权的部分，所立遗嘱的内容合法。故，该遗嘱为有效遗嘱。

二审法院认为，韩某1、韩某2、殷某1虽主张徐某美2018年立遗嘱时系限制行为能力人、系受韩某4控制、胁迫，但并未提交充分证据予以

证明，本院不予支持。

【案例评析】

本案涉及对立遗嘱人民事行为能力的争议。实践中，当事人经常会通过质疑立遗嘱人的民事行为能力来试图否定遗嘱效力。《民法典》第1143条第1款规定："无民事行为能力人或者限制民事行为能力人所立的遗嘱无效。"这意味着一旦立遗嘱人的民事行为能力出现瑕疵，无论是限制民事行为能力或是无民事行为能力，都会导致遗嘱无效。而对于老年人而言，在晚年出现"糊涂"、反应迟钝等变化实属普遍。此种情形下必须注意的是，《民法典》第1143条第1款规定的遗嘱无效情形属于效力阻却抗辩，其举证责任应当分配给意图提出抗辩的一方，即主张立遗嘱人民事行为能力存在瑕疵的一方。主张遗嘱有效的一方无须特意提供诸如录像资料等证据证明立遗嘱人在订立遗嘱时具备完全民事行为能力，反而是主张立遗嘱人民事行为能力存在瑕疵的一方需要提出足够强有力的证据。

第四章　遗产的处理

案例 11：张某 1、孙某等继承纠纷案
［（2021）冀 08 民终 2945 号］

【法条指引】

《民法典》第 1153 条，关于遗产认定的规定。

【案例事实与裁判】

被继承人张某 5 于 2020 年 11 月 22 日因病突然去世，原告孙某系被继承人张某 5 之母，被告李某系被继承人之妻，被告张某 2 系被继承人领养的女儿，被告张某 1 为被继承人张某 5 的婚外私生女儿。

李某和张某 5 夫妻共同财产：建筑面积 97.09 平方米楼房一处，建筑面积 99.60 平方米平房一处，被继承人张某 5 在石家庄东方证券股份有限公司有股票，共 220000 股，相应账户存款 433088 元；李某农业银行里有三年的定期存款 44000 元，2020 年 3 月 14 日开户，在张某 5 与李某夫妻关系存续期间存入。

2011 年 7 月 16 日，张某 5 父亲张某 6、母亲孙某共同签订的一份《关于某处房产的决定》中明确载明：房屋所有权证为丰房登字某号的房屋系张某 6、孙某共同所有，在 1993 年 5 月盖小南房时候就约定，正房东起第一间归老两口所有，第二间、第三间归二儿子张某 5 所有，第四间、第五间归大儿子张某刚（已故）所有。

后张某 6 感念张某 5 和孙某在张某 6 生病之时的照顾之情，决定将该套平房东起第一间及正房前临兴丰路小房、东小棚转给张某 5 所有，其余按事实上已经使用 20 年的所有，即东起第二间、第三间及正面小院、小南房两间归张某 5 所有，东起第四间、第五间及正西小院、小南房两间归张某刚妻子或儿子所有。

张某 6 去世后，孙某、张某 7、张某 4 于 2017 年 9 月声明自愿放弃

该平房东侧三间正房和临街门市小房继承权，并同意归张某5继承。经（2018）冀承丰证民字第273号公证书公证，该套平房东边正房三间由张某5继承。附属建筑（小南房2间和正面小院）系张某5的财产。张某5于2020年6月6日将该平房东侧正房三间一处、东侧临街门脸房一处出租。张某5和李某婚姻关系存续期间，共同出资对三间正房进行了装修，并新建了门房。原告孙某年纪较大，表示放弃对该平房的管理权限，要求分割份额；张某1一直居住在石家庄，管理房屋多有不便；被告李某表示自己管理该平房精力不足，张某2表示愿意管理该平房的日常出租等业务。

一审法院认为，法律明确规定，夫妻在婚姻关系存续期间，继承或赠与所得的财产为夫妻共同财产，归夫妻共同所有。本案中有争议的房产，即坐落于河北省承德市丰宁满族自治县处，为被继承人张某5父母赠与的财产，应视为夫妻共同财产。首先，李某、张某5夫妻对原告孙某夫妇尽了主要的赡养照顾之义务。原告夫妇之所以将该房产赠与张某5，是因感念张某5夫妻多年来对二老的赡养及照顾，在原告的赠与决定书中，一一写明了儿子张某5为照顾生病父母，放弃了事业、工作，原告夫妇前后住院30多次，都是张某5长期细致照顾。由此可看出，被继承人张某5为照顾生病的父母，牺牲自我的小家庭，而作为妻子的李某，自然承担了更多的家庭义务，因此，张某5对父母的付出，有妻子李某一大半的功劳；被告李某与张某5夫妻本为一体，原告对儿子张某5的肯定，亦包含了对儿媳的肯定；况且，原告的其他子女离家较远，只有被告李某夫妇在家照顾，李某作为儿媳，在日常生活中也尽了许多照顾义务，直到张某5因病突然去世，原告才由其他子女接走赡养，而此时的原告已经86岁。其次，受赠房产和夫妻投资高度融合，无法区分。该处房产由被告李某夫妇经营管理几十年，并进行了大量的修缮、填附建设工作，虽最初为受赠的财产，但早已和夫妻二人的投入密不可分，其投入价值与原价值无法估量。因此，认定该争议房产为夫妻共同财产合理合法。最后，该争议财产为被继承人个人财产，无事实及法律依据。在赠与财产的材料上，并未“明确”说明只赠与张某5一人，与他人无关。在夫妻关系存续期间所得赠与及继承的财产，无特别说明的，应认定为夫妻共同财产。

关于被告李某和被继承人张某5的夫妻共同财产，应依法进行分割。

考虑被告李某作为妇女，多年来对家庭的付出和贡献，以及张某5婚外生女给其带来的委屈与不公，本着公平正义的原则，在分割夫妻共同财产时，应予照顾。坐落于河北省承德市丰宁满族自治县处，建筑面积97.09平方米的房屋，因各方均不同意评估作价，故按份额分割。李某应占55%的财产份额，另45%的财产份额为被继承人张某5的遗产。

二审法院维持了一审法院判决。

【案例评析】

本案涉及夫妻共同财产的析产问题。当遗产属于夫妻共同财产时，应当将尚生存配偶的一方财产析出。这一过程涉及至少两个层面的问题。首先，在夫妻共同财产的认定层面，应当依据民法典婚姻家庭编关于夫妻财产制的相关规定，如果夫妻之间存在夫妻财产约定，则约定财产制优先得以适用；在不存在财产约定的情况下，则应当按照法定财产制的相关规则判定夫妻共同财产的范围。其次，在理论上值得反思的是，确定了夫妻共同财产范围之后，在析出尚生存配偶一方的财产份额时，是否应当考虑包括二人婚姻状况在内的其他因素？例如本案中，法院指出“被告李某作为妇女，多年来对家庭的付出和贡献，以及张某5婚外生女给其带来的委屈与不公，本着公平正义的原则，在分割夫妻共同财产时，应予照顾”。这一考量在现行法下或许会遭遇正当性的质疑，因为《民法典》第1153条第1款明确规定：“夫妻共同所有的财产，除有约定的外，遗产分割时，应当先将共同所有的财产的一半分出为配偶所有，其余的为被继承人的遗产。”

案例12：汪某1、汪某2等继承纠纷案
[（2021）辽10民终1581号]

【法条指引】

《民法典》第1156条，关于遗产分割的原则和方法的规定。

【案例事实与裁判】

汪某3之妻，汪某1、汪某2、汪某4之母钟某兰因病于2021年1月9日死亡，其法定第一顺序继承人为汪某3、汪某1、汪某2、汪某4四人。钟

某兰生前与汪某3共同所有房产一处，价值约34万元。其1/2部分（17万元）为钟某兰遗产。现该房产整体由汪某3占有、使用。

一审法院认定，继承人应当本着互谅互让、和睦团结的精神，协商处理继承问题。汪某3、汪某1、汪某2、汪某4四人同为第一顺序继承人，其继承份额应均等。钟某兰生前与汪某3共有的房产一半属汪某3所有，另一半属于钟某兰遗产，应由汪某3、汪某1、汪某2、汪某4四人继承。考虑汪某3年事已高，现居住在该房屋等实际情况，其遗产由汪某3继承为宜，汪某3应向汪某1、汪某2、汪某4支付遗产折价款。

二审法院认为，关于上诉人主张钟某兰遗产所涉房屋不宜分割，一审分割不利于生产生活的情况，被继承人钟某兰去世后，其生前与汪某3共有的房屋因发生法定继承的事实，由汪某3、汪某1、汪某2、汪某4按份共有，汪某3享有5/8份额，汪某1、汪某2、汪某4各享有1/8份额。因本案各方当事人对是否可以分割共有房屋没有特别约定，故按份共有人可以随时请求分割，现汪某3、汪某4（总份额3/4）均要求分割，故一审判决对争议房屋进行分割，符合法律规定。上诉人汪某1、汪某2以其二人不同意将自己的遗产份额卖给汪某3为由，主张不进行房屋分割，上诉理由不成立，本院不予支持。上诉人主张房屋分割后将与汪某3处于隔离状态，汪某3将老无所依、无处居住，但汪某3当庭明确表达分割意愿，上诉人家庭矛盾亦不宜以遗产房屋分割问题作为解决途径，故上诉人关于分割房屋不利于生产生活的理由，本院不予支持。

【案例评析】

本案涉及的是被继承人死后房产的分割问题，在对房产进行分割时需要注意，对于房屋产权归属与价值归属应分别进行判断。在产权归属的层面，应当遵循《民法典》第1156条第1款规定的“遗产分割应当有利于生产和生活需要，不损害遗产的效用”的原则，特别需要考量被继承人死亡时争议房屋的使用状态。如果被继承人死亡时，继承人中有人一直在该房屋中居住，例如被继承人的配偶，则通常情况下应当维持该状态，将房屋产权分割给被继承人的配偶。但在价值归属的层面，获得房屋产权的继承人应当依据该条第2款的规定对其他继承人进行折价补偿。

案例 13：赵某等与刘某合同纠纷案
[（2021）京 01 民终 7208 号]

【法条指引】

《民法典》第 1158 条，关于遗赠扶养协议的规定。

【案例事实与裁判】

孙某与刘某 2 系夫妻关系，二人未生育子女。刘某 2、刘某、刘某 3 系姐妹关系。刘某 3 系赵某岳母。赵某与王某系夫妻关系。

2017 年 5 月 20 日，孙某、刘某 2、赵某、刘某签订《协议书》，《协议书》写明：本人孙某与妻子刘某 2 现已年迈体弱，又因家庭遭受重大不幸变故，后经刘某、赵某二人全力以赴帮扶、安置，才有我夫妻现在的安稳生活。多年来赵某和妹妹刘某精心地照料我夫妻二人的日常生活，细心呵护。此举令我夫妻十分感激。由此，我夫妻愿意将 58 号房屋（此房屋出售时系刘某垫付全部购房款）变卖后，留存人民币 200000 元作为我夫妻二人养老备用金，剩余房款平均分配给赵某、刘某二人，各占剩余售房款 50%。此协议一式三份长久有效。

2019 年 3 月 7 日，孙某与赵某、王某签订了《意定监护协议书》，约定由赵某、王某二人作为孙某的监护人。并由北京市公证处出具（2019）京求是内民证字第 491 号《公证书》。

一审法院认为，孙某、刘某 2、刘某、赵某于 2017 年 5 月 20 日签订的协议，系当事人的真实意思表示，《协议书》内容不违反法律法规的相关规定，合法有效。从双方协议内容上看，此协议为遗赠扶养协议，刘某完成了协议约定的义务，垫付购房款和上市出售房屋，双方在《协议书》中已确认刘某对孙某和刘某 2 的精心照料，刘某已将义务履行完毕。

对于孙某出具撤销赠与的声明，法院认为，遗赠扶养协议，是双方意思表示一致达成的协议，双方达成意思一致时即发生法律效力。遗赠扶养协议为双方有偿法律行为，扶养人负责对受扶养人生养死葬，受扶养人也有将自己财产遗赠给扶养人的义务，故孙某单方作出的撤销遗赠扶养协议的意思表示，不发生法律效力，仍应按原协议内容履行。现孙某、刘某 2 的财产在第三人王某处存放，王某与赵某是夫妻关系，双方有共同向刘某返还该款项的义务。

二审法院认为，遗赠扶养协议是指遗赠人（被扶养人）与扶养人订立的，以被扶养人的生养死葬及财产的遗赠为内容的协议。即由遗赠人立下遗嘱，将自己所有的合法财产指定在其死亡后转移给扶养人所有，而由扶养人承担遗赠人生养死葬义务的协议。本案中，从各方 2017 年 5 月 20 日签订的《协议书》的内容来看，一方面，该《协议书》并未对刘某、赵某应对孙某、刘某 2 承担生养死葬义务进行约定；另一方面，约定的财产转移时间并非孙某、刘某 2 死亡之后，而是以房屋出卖作为支付钱款的条件。从上述两个方面来看，该协议不符合遗赠扶养协议的特点，因此认定该协议性质为赠与合同。

赠与人在赠与权利转移之前可以撤销赠与。2017 年 7 月 7 日，在合同约定的房屋尚未出卖、钱款并未转移的情况下，孙某作出声明，应当视为孙某行使了任意撤销权，撤销了其于 2017 年 5 月 20 日作出赠与的意思表示，该撤销权的行使符合法律规定，合法有效。值得指出的是，2017 年 7 月 7 日孙某撤销赠与仅对孙某作出的赠与、财产处分部分发生法律效力，而无法撤销刘某 2 于 2017 年 5 月 20 日通过协议方式作出的赠与的法律行为。

【案例评析】

遗赠扶养协议的定性在实践中容易引发困惑，当事人在订立遗嘱或签订赠与合同时，经常会怀有“报答”财产受让人对自己的照顾、关心、付出的动机。此种动机对于法律行为的定性并无直接影响。在定性问题中，起到第一位作用的是法律行为的内容。该案中，当事人明确表示为了感谢对方过往的付出，而将财产的一部分在房产变卖后分给对方，其中并无给对方施加义务的意思，因此该行为并非遗赠扶养协议，而是赠与合同。

第三部分

文书范本与制作指引

一、财产约定协议

财产约定协议，一般是指具有婚姻关系的双方当事人对婚姻关系存续期间所得的财产以及婚前财产的归属所一致达成的书面意见。

（一）文书参考样式

财产约定协议

甲方：____。

乙方：____。

约定内容：_____________________________________

____

____。

甲方：（签名）

乙方：（签名）

年　　月　　日

（二）文书范本

财产约定协议

甲方（系乙方配偶）：谭××，男，汉族，1970年7月13日出生，××市××房地产管理局公务员，身份证号为：××××××××××××××××××。

住址：××市××区××路××楼××号房间。

乙方（系甲方配偶）：韦××，女，汉族，1978年2月27日出生，××市××房地产公司职工，身份证号为：××××××××××××××××××。

住址：同上。

现甲乙双方在自愿平等协商的基础上，根据《中华人民共和国民法典》第1065条的规定，对双方婚前财产和婚姻关系存续期间双方所得财产的归属，达成如下协议：

第一条 甲方婚前出资购买、以乙方名义办理登记的牌号为××××××的××牌汽车一辆归乙方所有，婚姻关系存续期间由双方使用。

第二条 甲方的其他婚前财产和乙方的婚前财产归各自所有，甲乙双方各自的婚前财产详见甲乙双方婚前财产清单。

第三条 甲方和乙方的婚后全部收入所得为双方共同财产，用于双方的生活和投资经营，收益为双方共同所有。

第四条 本协议自双方签字之日起生效。

第五条 本协议一式两份，甲、乙双方各持一份。

甲方：谭×× 乙方：韦××

2021 年 8 月 6 日 2021 年 8 月 6 日

附：1. 甲乙双方婚前财产清单

2. 甲方与乙方婚后收入明细表

（三）文书制作注意事项

1. 夫妻双方应当明确财产约定的范围

根据《民法典》第 1065 条的规定，夫妻财产约定范围包括对婚姻关系存续期间所得财产的归属约定以及婚前财产的归属约定。通过财产约定将夫或妻一方的个人财产约定为另一方的个人财产，或者将双方婚姻关系存续期间的法定夫妻共同财产约定为其中一方的个人财产，其导致的直接法律后果是：财产约定协议生效后，夫或妻作为个人财产所有人未经另一方同意可以按照自己的意愿占有、使用和处分（包括买卖、赠与或转让）个人财产，双方离婚时作为夫或妻一方的个人财产不得作为夫妻共同财产处理。

根据《民法典》第 1063 条和第 1065 条的规定，夫妻双方对婚前财产归属未作另行约定的情况下，下列为夫或妻一方的个人财产：（1）一方的婚前财产；（2）一方因受到人身损害获得的赔偿或者补偿；（3）遗嘱或者赠与合同中确定只归一方的财产；（4）一方专用的生活用品；（5）其他应当归一方的财产。根据有关司法解释，军人的伤亡保险金、伤残补助金、医药生活补助费属于个人财产。上述规定为夫妻一方所有的财产，不因婚姻关系的延续而转化为夫妻共同财产。但当事人双方可以通过签订财产约定协议将上述范围内夫或妻的一方个人财产约定为另一方的个人财产。

根据《民法典》第 1062 条第 1 款和第 1065 条的规定，夫妻双方对婚姻关系存续期间所得的财产归属未另行约定的情况下，下列财产属于夫妻共同财产：（1）工资、奖金、劳务报酬。（2）生产、经营、投资的收益。（3）知识产权的收益。（4）继承或者受赠的财产。遗嘱中或赠与合同中确定只归夫或妻一方所有的，该财产就属于被确定继承或接受赠与的一方的个人财产。（5）其他应当归共同所有的财产，这主要是指婚姻关系存续期间，一方以个人财产投资取得的收益；男女双方实际取得或者应当取得的住房补贴、住房公积金；男女双方实际取得或者应当取得的养老保险金、破产安置补偿费。但当事人双方可以通过签订财产约定协议将上述范围内财产约定为夫或妻一方的个人财产。

2. 财产约定形式应当合法、内容应当明确具体

根据《民法典》第 1065 条第 1 款第 2 句的规定，夫妻财产的约定应当采取书面形式，因此，采取口头形式约定的无效。财产约定协议应当具体、明确，所谓“具体”是指夫妻一方的哪一或哪些婚前财产约定为另一方的个人财产，或者婚姻关系存续期间一方哪种或哪几种收入、投资收益为该方自己的个人财产或者为另一方的个人财产。所谓“明确”是指财产约定协议所使用的语言不会产生歧义、模棱两可。双方对婚姻关系存续期间所得财产以及婚前财产没有约定或约定不明确的，适用本法第 1062 条和第 1063 条的规定。

3. 夫妻财产约定的效力

根据原《婚姻法》第 1065 条第 2 款的规定，夫妻对婚姻关系存续期间所得的财产以及婚前财产的约定，对双方具有法律约束力。但是，对于婚前财产约定，双方未依法登记结婚的，则该约定不能生效，对双方不具有约束力。如果一方有证据证明其是在受到欺诈、胁迫等违背自己的意志的情况下，将自己的婚前财产或婚姻关系存续期间所得财产约定为另一方所有的，也会导致财产约定的无效。

4. 认真撰写和制作财产约定协议书

财产约定协议主要包括以下内容。

（1）当事人的基本情况，即应分别写明双方各自的姓名、性别、年龄、民族、职业或工作单位、住址等基本情况，同时还应注明双方之间的身份关系。

（2）财产约定的内容。约定内容包括对婚姻关系存续期间所得财产归属的约定和婚前财产归属的约定，应写明财产归各自所有、共同所有或部分各自所有、部分共同所有的财产的名称、数量、价值或位置、财产权属证书等。

（3）由双方当事人签名，并注明签订财产约定协议的年、月、日。

二、财产分割协议

财产分割协议，即共有财产分割协议，又称分产契约，是财产共同共有人之间就各共有人应得财产进行分割，或者按份共有人从共同财产中分出自己的财产份额时所订立的书面协议。

（一）文书参考样式

财产分割协议

甲方：________________________________。

乙方：________________________________。

丙方：________________________________。

财产分割原因：____________________________。

财产范围与分割方案：

____

____

____。

立约人：（签名）

年　　月　　日

（二）文书范本

财产分割协议

甲方：张一，男，汉族，1971年1月3日出生，住××市××区××路××楼××号房间。

乙方：张二，男，汉族，1973年12月28日出生，住××市××区××路××楼××号房间。

丙方：张三，男，汉族，1976 年 4 月 30 日出生，住 × × 市 × × 区 × × 路 × × 楼 × × 号房间。

甲乙丙（系兄弟关系）三方于 2010 年共同投资设立了合伙企业 × × 市 × × 家居装饰装潢中心（以下简称“拟解散企业”），因合伙期限届满，决定解散该企业，现就该合伙企业的共同财产的分割事宜，在自愿协商的基础上达成如下协议：

第一条　拟解散企业偿还欠款后在 × × 银行账户资金余额为 263560 元，甲乙丙三方按照投资比例分割，甲方应分得其中的 40%、乙方应分得其中的 30%、丙方应分得其中的 30%。

第二条　拟解散企业应收账款为 284600 元，甲乙丙三方按照投资比例分割，甲方应分得其中的 40%、乙方应分得其中的 30%、丙方应分得其中的 30%。每人分得的各应收账款额及相应的欠款人单位名称、联系电话、单位地址等事项详见明细表。

第三条　拟解散企业有三张办公桌作价 6000 元，在甲方分别向乙方和丙方补偿 1800 元后，由甲方分得。

第四条　拟解散企业有笔记本电脑三台，其中一台联想电脑作价 3000 元由甲方分得，两台索尼电脑每台作价 2000 元由乙方和丙方各分得一台。

第五条　拟解散企业有惠普扫描仪一台由甲方分得，松下传真机一台由乙方分得，北大方正扫描仪一台由丙方分得。

第六条　本协议一式四份，甲乙丙三方各持一份，另一份办理企业注销登记使用。

第七条　本协议自甲乙丙三方签字之日起生效。

甲方：张一　　　　乙方：张二　　　　丙方：张三
2021 年 6 月 20 日　　2021 年 6 月 20 日　　2021 年 6 月 20 日

（三）文书制作注意事项

1. 共同财产分割人应当为财产共有人或其继承人

根据《民法典》第 297 条的规定，财产可以由两个以上的自然人、法人或者非法人组织共有。共有分为按份共有和共同共有。按份共有人按照各自的份额，对共有财产分享权利，分担义务。共同共有人对共有财产共同享有权利，承担义务。

《民法典》第298条规定，按份共有人对共有的不动产或者动产按照其份额享有所有权。《民法典》第308条规定，共有人对共有的不动产或者动产没有约定为按份共有或者共同共有，或者约定不明确的，除共有人具有家庭关系等外，视为按份共有。在现实中按份共有的发生主要表现为以下情形：（1）基于当事人的意思形成按份共有，如数人按一定比例共同出资购买动产或不动产形成按份共有；或者按照一定的比例共同投资设立合伙企业，因此对合伙企业的财产形成按份共有。（2）基于法律的规定形成按份共有，如数个继承人因遗产继承形成按份共有；或者合伙企业的合伙人死亡或者被依法宣告死亡的，对该合伙人在合伙企业中的财产份额享有合法继承权的继承人在不能成为合伙人的情况下，合伙企业应当向合伙人的继承人退还被继承合伙人的财产份额。

《民法典》第299条规定，共同共有人对共有的不动产或者动产共同享有所有权。在现实生活中，共同共有的发生一般是基于共同的法律关系，如数个继承人对于共同继承的遗产约定不进行分割；而最常见的财产共同共有是基于婚姻关系所形成的夫妻共有财产。根据《民法典》第1062条第1款和第1065条的规定，夫妻双方未另行约定的情况下，在婚姻关系存续期间所得的下列财产属于共同财产：（1）工资、奖金、劳务报酬。（2）生产、经营、投资的收益。（3）知识产权的收益。（4）继承或者受赠财产。但并非所有继承的财产或受赠财产都是共同财产，如果遗嘱中或赠与合同中确定只归夫或妻一方所有的，该财产就归被确定的一方所有。（5）其他应当归共同所有的财产。

2. 应当按照约定或法律规定确定应分得的财产数额

《民法典》第309条规定，按份共有人对共有的不动产或者动产享有的份额，没有约定或者约定不明确的，按照出资额确定；不能确定出资额的，视为等额享有。第303条规定，共有人约定不得分割共有的不动产或者动产，以维持共有关系的，应当按照约定，但是共有人有重大理由需要分割的，可以请求分割；没有约定或者约定不明确的，按份共有人可以随时请求分割，共同共有人在共有的基础丧失或者有重大理由需要分割时可以请求分割。因分割造成其他共有人损害的，应当给予赔偿。可见，包括离婚夫妻在内的财产共有人明确约定分割数额或分割比例的，应当按照约定分割。按份共有人对共有的不动产或者动产，没有约定或者约定不明确的，一般按照出资比例分割，在不能确定出资额时应当等额分割。

3. 建议在财产分割协议中对分割方式作出明确约定

《民法典》第 304 条规定，共有人可以协商确定分割方式。达不成协议，共有的不动产或者动产可以分割且不会因分割减损价值的，应当对实物予以分割；难以分割或者因分割会减损价值的，应当对折价或者拍卖、变卖取得的价款予以分割。共有人分割所得的不动产或者动产有瑕疵的，其他共有人应当分担损失。可见，财产共有人在财产分割协议中对分割方式作出明确规定的，应当按照协议约定的方式分割；共有人在财产分割协议中没有约定或约定不明确的，应当按照上述规定确定分割方式。

4. 财产共有人应当认真撰写和制作财产分割协议

财产分割协议由首部、正文和尾部三部分构成，具体包括以下内容。

（1）当事人的基本情况。当事人的基本情况，应分别写明参加共同财产分割的各个共有人的姓名、性别、年龄、民族、职业或工作单位及职务、住址等基本情况。

（2）财产分割内容。首先，说明财产分割的原因，如合伙企业解散或合伙关系终止、离婚财产分割或分家析产等。其次，应在说明共同财产的基本情况，包括名称、品牌、型号、数量或所在位置，根据财产共有人所达成的一致意见说明财产分割方式以及每个共有人所具体分得的财产情况。

（3）由财产分割人签字；财产分割人为法人或其他组织的，加盖单位公章；注明签订协议年、月、日。

三、遗　　嘱

遗嘱，是遗嘱人生前对自己的遗产或其他事务作出处理，并于死亡时发生效力的法律行为。公民可以通过立遗嘱将个人财产指定由法定继承人的一人或者数人继承，也可以立遗嘱将个人财产赠给国家、集体或者法定继承人以外的人。

（一）文书参考样式

遗　　嘱

立遗嘱人：（姓名、性别、民族、出生日期、籍贯、详细住址等）。

遗嘱订立的原因（或目的）：______________________________。

遗嘱内容：

一、立遗嘱人所有的财产名称、数额、价值：

____。

二、立遗嘱人对所有财产的处理意见：

____

____。

三、其他：

____。

本遗嘱一式________份，由________、________、________保存。

立遗嘱地点：______________；立遗嘱时间：____________________。

立遗嘱人：（签名）

见证人：（签名）

代书人：（签名）

年　　月　　日

（二）文书范本

遗　嘱

立遗嘱人：宫××，男，汉族，居民身份证号：××××××××××××××××××。

住址：××市××区××路××号院××号房间。

本人年事已高，身体状况不佳，现特立遗嘱，将本人百年之后的个人财产作如下处理。

一、立遗嘱人购买并拥有房屋产权的××市××区××路15号院26号楼201号房间的三室一厅（房屋所有权号为：×房权证××字第××××××号）商品房归儿子宫甲继承。

二、立遗嘱人在××银行的存款（存折号为：××××××××）人民币32万元归女儿宫乙继承。

三、立遗嘱人老家××省××市××区××村28号院院落连同该院落内的三间瓦房由侄子宫丙继承。

四、本遗嘱一式四份，经××市××区公证处公证后，由本人、宫甲、宫乙和宫丙各持一份公证遗嘱。

立遗嘱地点：××市××区公证处；立遗嘱时间：2021 年 2 月 22 日上午 9 时。

立遗嘱人：宫××

2021 年 2 月 22 日

（三）文书制作注意事项

1. 遗嘱所处理的财产应当为合法个人财产

根据《民法典》及有关司法解释的规定，遗产是公民死亡时遗留的个人合法财产，包括：（1）公民的收入；（2）公民的房屋、储蓄和生活用品；（3）公民的林木、牲畜和家禽；（4）公民的文物、图书资料；（5）法律允许公民所有的生产资料；（6）公民的著作权、专利权中的财产权利；（7）公民的其他合法财产。公民可继承的其他合法财产包括有价证券和履行标的为财物的债权等。承包人死亡时尚未取得承包收益的，可把死者生前对承包所投入的资金和所付出的劳动及其增值和孳息，由发包单位或者接续承包合同的人合理折价、补偿，其价额作为遗产。从上述规定可知，遗嘱所处理的财产只能是公民死亡时遗留的合法的个人财产。

2. 遗嘱应当符合法定形式和要求

根据《民法典》第 1134 条至第 1139 条的规定，遗嘱有自书遗嘱、代书遗嘱、打印遗嘱、录音录像遗嘱、口头遗嘱和公证遗嘱。自书遗嘱由遗嘱人亲笔书写，签名，注明年、月、日。打印遗嘱应当有两个以上见证人在场见证。遗嘱人和见证人应当在遗嘱每一页签名，注明年、月、日。代书遗嘱应当有两个以上见证人在场见证，由其中一人代书，并由遗嘱人、代书人和其他见证人签名，注明年、月、日。以录音录像形式立的遗嘱，应当有两个以上见证人在场见证。遗嘱人和见证人应当在录音录像中记录其姓名或者肖像，以及年、月、日。遗嘱人在危急情况下，可以立口头遗嘱。口头遗嘱应当有两个以上见证人在场见证。危急情况消除后，遗嘱人能够以书面或者录音录像形式立遗嘱的，所立的口头遗嘱无效。公证遗嘱由遗嘱人经公证机构办理。

3. 遗嘱人与见证人应当具有行为能力和符合法律要求

根据《民法典》第 1143 条的规定，遗嘱人立遗嘱时必须有民事行为能力，无民事行为能力人或者限制民事行为能力人所立的遗嘱无效；遗嘱必须表示遗嘱人的真实意思，受欺诈、胁迫所立的遗嘱无效；伪造的遗嘱无效；遗嘱被篡改的，篡改的内容无效。根据《民法典》第1140条的规定，见证人应当具有完全民事行为能力，且与遗嘱人无利害关系。无民事行为能力人、限制民事行为能力人，继承人、受遗赠人以及与继承人、受遗赠人有利害关系的人，不能作为遗嘱见证人。

4. 认真撰写和制作遗嘱

对于自书遗嘱、代书遗嘱，应当采取书面形式，其主要包括以下内容。

（1）遗嘱人、代书人和见证人的基本情况。对于遗嘱人，应写明其姓名、年龄、性别、民族、籍贯、住址等。对于代书人与见证人，应写明其姓名、年龄、性别、住址等情况；代书人为律师的，应写明其姓名和其所在的律师事务所名称。

（2）遗嘱内容。首先，应写明遗嘱人自愿立遗嘱的意思表示。其次，写明遗嘱的内容，包括遗嘱所要处理的财产和遗嘱继承人所继承的遗产名称、数额及所在地等。遗嘱继承人为两人以上的，应分别列明指定继承人的姓名及他们各自继承的份额。此外，要写明所订立遗嘱的份数和保存人。

（3）由遗嘱人、代书人和见证人签名或盖章；注明制作遗嘱的年、月、日。

四、遗赠扶养协议

遗赠扶养协议是遗赠人与扶养人订立的、遗赠人将其全部或部分财产在其死后由扶养人所有，扶养人承担受扶养人的生养死葬义务的书面文书。

（一）文书参考样式

遗赠扶养协议

受扶养人：（姓名、性别、民族、出生年月日、籍贯、详细住址等）。

扶养人：（姓名、性别、民族、出生年月日、籍贯、详细住址等）。

受扶养人和扶养人双方在自愿、平等、协商的基础上，就遗赠和扶养事宜达成如下协议：

一、遗赠财产的种类、名称、数量和基本状况等。

二、扶养包含的具体内容、具体方式、达到的标准或要求等。

三、双方当事人拒绝履行或不适当履行协议的后果。

受扶养人：（签名）　　　　　　　　　　　　　　扶养人：（签名）
见证人：（签名）　　　　　　　　　　　　　　　　　　（签名）
签字时间：______年______月______日　　　　签约地点：____

（二）文书范本

遗赠扶养协议

甲方（受扶养人）：李××，男，汉族，1935年4月21日出生，××市××区××大街××号院12号房间居民。

乙方（扶养人）：翟××，男，汉族，1976年2月15日出生，××市××区××路××号楼308号房间居民。

甲方因年老体衰，需要乙方照顾，现甲乙双方在自愿、平等、协商的基础上达成如下遗赠扶养协议：

第一条　甲方将现在居住的××市××区××大街××号院12号房屋（×房权证××字第24567号）建筑面积86.75平方米的两居室，21寸长虹牌彩色电视机一台、木制衣柜一个、写字台一个、电动自行车一辆作为遗赠物品，在甲方去世后全部归乙方所有。

第二条　乙方同意接受上述遗赠，自本协议生效之日起甲方与乙方共同生活，乙方应悉心照顾甲方。甲方的衣、食、住、行等费用由乙方承担，在现有物价水平下乙方保证甲方每天的生活费用不低于30元。甲方去世后的丧葬费用全部由乙方承担。

第三条　甲乙双方应当全面、适当履行本协议。乙方拒绝履行扶养义务的，甲方有权解除协议；甲方擅自处分遗赠物品的，乙方可以解除协议，有权要求甲方补偿乙方已经付出的扶养费用和赔偿乙方因照顾甲方生活所造成的经济损失。

第四条　本协议自双方签字之日起生效。本协议一式二份，甲方、乙方各持一份为凭。

甲方：李××　　　　　　　　　　　　　乙方：翟××
签字时间：××××年××月××日　　签约地点：××××××

（三）文书制作注意事项

1. 遗赠扶养协议的内容应当全面、具体

《民法典》第1158条规定，自然人可以与继承人以外的组织或者个人签订遗赠扶养协议。按照协议，该组织或者个人承担该自然人生养死葬的义务，享有受遗赠的权利。据此可以看出，遗赠扶养协议包括遗赠和扶养两个方面。所谓遗赠是指被扶养人即遗赠人通过订立协议将其遗产的全部或部分赠给扶养人，作为扶养人对遗赠人履行生养死葬义务的条件。所谓扶养是指扶养人通过履行对遗赠人的生养死葬的义务，作为取得遗赠人的遗赠财产的条件。遗赠扶养协议是遗赠人与扶养人各自履行义务和享受权利的依据，双方应当将遗赠人的遗赠财产和扶养人的扶养义务作出全面、具体的约定，不得模棱两可、含糊不清。

2. 遗嘱不得与遗赠扶养协议的内容相抵触

扶养人根据遗赠扶养协议履行扶养义务后，将按照该协议的约定享有继承权。但是，遗赠扶养协议作为继承方式具有最优先适用性。《民法典》第1123条规定，继承开始后，按照法定继承办理；有遗嘱的，按照遗嘱继承或者遗赠办理；有遗赠扶养协议的，按照协议办理。遗赠人通过遗嘱处理其遗产时，其遗嘱内容不得与遗赠扶养协议约定的内容相抵触，否则，与协议抵触的遗嘱全部或部分无效。

3. 认真撰写和制作遗赠扶养协议

遗赠扶养协议应当采取书面形式，其主要包括以下内容。

（1）当事人的基本情况。双方当事人的基本情况，应分别写明扶养人和遗赠人即受扶养人的姓名、年龄、性别、民族、住址等。

（2）协议内容。包括遗赠和扶养两个方面。首先，遗赠的内容应当写明遗赠财产的种类、名称、数量和基本状况等；其次，扶养的内容应当写明提供的扶养包含生养死葬的具体内容或达到的标准或要求、遗赠扶养协议的生效时间即扶养人开始履行扶养义务的时间。

（3）遗赠扶养协议双方当事人应当在协议上签名并注明制作遗赠扶养协议的年、月、日。

五、律师见证书

律师见证书，是律师应当事人的请求，依法对其亲眼所见或亲自审查的法律事实或法律行为的真实性、合法性作出见证说明的法律文书。

（一）文书参考样式

律师见证书

委托见证人：____________________________。

身份证号码：____________________________。

住址：________________________________。

________律师事务所接受______________委托进行______________事项见证。

见证律师审查了委托人提供的__________文件。

兹证明：____。

______律师事务所

________律师

年　　月　　日

（二）文书范本

律师见证书

委托见证人：张××。

身份证号码：××××××××××××××××××。

住址：××市××区××大街××号院××楼××房间。

××律师事务所接受张××委托，指派陈××和付××二位律师作为见证人对其订立遗嘱行为进行了见证。

根据《中华人民共和国民法典》的有关规定，见证律师审查了委托人提供的身份证件及订立遗嘱所涉及的房屋产权证明、购车发票等凭证，在其住所见证了其立遗嘱的全过程。

兹证明：

张××的身份证件、其出示的房屋产权证明（房屋所有权证号：×房权证×字第××号）、一辆奔驰汽车（车牌号：×A ××××）的购车发票真实，其于2021年8月25日订立遗嘱处分包括其房屋、汽车和其他财产的行为是其自愿行为和真实意思表示，其订立遗嘱的程序符合《中华人民共和国民法典》的有关规定。

××市××律师事务所（盖章）

见证律师：陈××、付××

2021年8月25日

（三）文书制作注意事项

1. 律师见证应当遵循合法性、客观性和中立性原则进行

当事人委托律师以法律见证书的形式对其法律行为或有关法律事实制作律师见证书，既可以固化证据，又可以在发生纠纷时作为可靠证据向仲裁机构或者人民法院提供。因此，律师见证应当遵循合法性、客观性和中立性原则依法进行，不得歪曲、伪造有关见证事项和见证过程。

2. 认真撰写和制作律师见证书

律师见证书应当采取书面形式，其主要包括以下内容。

（1）委托人和引言。委托人是自然人的，应当写明其姓名、性别、民族、出生日期或身份证号码、住址等；是单位的，应当写明其全称、单位住所地，并写明其法定代表人或负责人的姓名和职务。引言主要交代受托人和受托见证事项说明，受托人是律师事务所的，应写明该所名称和见证律师姓名。

（2）见证内容、见证过程和见证结论。对于见证内容，首先应当审查委托人为见证所提供的有关材料，如对当事人资格证明材料的审查作出说明。在上述基础上，见证律师对自己亲临见证现场所目睹的当事人从事的法律行为和所审查的材料，明确作出其是否符合客观性、真实性、合法性标准的见证结论。

（3）参加见证活动的委托人签名，见证律师签名并加盖所在的事务所印章；注明年、月、日。

六、民事调解协议

民事调解协议，是指民事纠纷的双方当事人经他人调解，就双方解决

纠纷所自愿达成的协议。广义的调解协议包括当事人经由村民委员会或居民委员会设立的人民调解委员会调解达成的调解协议和当事人经由第三人调解达成的调解协议。

（一）文书参考样式

调解协议

甲方：____。

乙方：____。

甲乙双方就__________纠纷事宜，经__________（或__________律师事务所的律师__________）主持调解，达成以下意见：

____。

甲方：（签名或盖章）

乙方：（签名或盖章）

调解人：（签名或盖章）

年　　月　　日

（二）文书范本

调解协议

甲方（系乙方之母）：郭××，女，1946年2月18出生，汉族，农民。

住址：××市××区××镇××村。

乙方（系甲方之子）：吴××，男，1970年3月16日出生，汉族，农民。

住所：同上。

甲方要求乙方按月支付赡养费和帮助耕种责任田纠纷事宜，经××市××区××镇××村人民调解委员会张××、伊××主持调解，双方自愿达成以下协议：

第一条 乙方同意每月向甲方支付赡养费100元，每月10日前支付。

第二条 甲方因年老体弱，无力经营承包的本村1.5亩责任田，由乙方出工、出力帮助耕种和收割。若耕种或收割季节，乙方不能尽到耕种或收割义务，甲方可以雇请他人耕种或收割，但因雇请他人所花费的全部人工费用，应在耕种或收割完毕后的10日内由乙方一次性支付给甲方。

第三条 本协议一式三份，双方各持一份为凭，××村人民调解委员会保留一份。

本协议自双方当事人签字或按手印、人民调解员签字和××村人民调解委员会加盖公章之日起生效。

甲方：郭××（按手印）
乙方：吴××（按手印）
人民调解员：张××、伊××
××村人民调解委员会（盖章）
2021年8月30日

（三）文书制作注意事项

1. 调解协议的达成必须坚持自愿、平等与合法原则

民事调解协议是民事争议当事人在第三人的居中斡旋下，依据一定的道德规范和法律法规，通过第三人居中调解当事人之间的争执，从而使双方当事人在互解互谅和作出让步的基础上消除矛盾和化解纠纷的一种方式。因此，民事调解协议的达成应当坚持自愿、平等与合法原则。对此，我国《人民调解法》第3条明确规定，人民调解委员会调解民间纠纷，应当遵循下列原则：（1）在当事人自愿、平等的基础上进行调解；（2）不违背法律、法规和国家政策；（3）尊重当事人的权利，不得因调解而阻止当事人依法通过仲裁、行政、司法等途径维护自己的权利。

2. 当事人应当自觉履行调解协议或依法提起诉讼

民事调解不是法律规定的必经程序，一般民事调解协议也不具有法律强制执行力，当事人达成调解协议后，在一方当事人拒不履行的情况下，双方之间的纠纷还得通过诉讼方式解决。《人民调解法》第31条规定，经人民调解委员会调解达成的调解协议，具有法律约束力，当事人

应当按照约定履行。人民调解委员会应当对调解协议的履行情况进行监督，督促当事人履行约定的义务。第32条规定，经人民调解委员会调解达成调解协议后，当事人之间就调解协议的履行或者调解协议的内容发生争议的，一方当事人可以向人民法院提起诉讼。第33条规定，经人民调解委员会调解达成调解协议后，双方当事人认为有必要的，可以自调解协议生效之日起30日内共同向人民法院申请司法确认，人民法院应当及时对调解协议进行审查，依法确认调解协议的效力。人民法院依法确认调解协议有效，一方当事人拒绝履行或者未全部履行的，对方当事人可以向人民法院申请强制执行。人民法院依法确认调解协议无效的，当事人可以通过人民调解方式变更原调解协议或者达成新的调解协议，也可以向人民法院提起诉讼。

3. 应当认真撰写和制作调解协议书

调解协议可以采取口头形式和书面形式。但除了争议当事人能够及时履行的调解协议外，一般可采取书面形式。调解协议书一般包括以下内容。

（1）当事人的基本情况和引言。当事人的基本情况，应分别写明争议各方当事人的姓名、年龄、性别、民族、住址等；当事人为法人或其他组织的，请写明其全称，并写明法定代表人或负责人姓名。引言，可写明当事人之间的纠纷事项，说明在哪一人民调解组织的调解员的调解下达成了如下调解协议。

（2）协议内容。调解协议的内容是争议当事人在调解人调解下所达成的对纠纷解决的一致意见。这部分内容主要应当写明各方当事人的责任，当事人达成调解协议的内容，履行的方式、期限等。

（3）各方当事人和调解人签字；当事人为法人或其他组织的，应当加盖单位公章。调解人为律师事务所或人民调解组织的，应当加盖单位盖章。注明调解协议达成一致的年、月、日。

七、执行仲裁裁决申请书

执行仲裁裁决申请书，是公民、法人或其他组织向人民法院申请，请求人民法院强制执行已经生效的仲裁裁决书、调解书时所提交的法律文书。

（一）文书参考样式

执行申请书

申请执行人：____。

被申请执行人：______________________________________。

执行依据：____。

案由：

____。

执行内容：

1. ____。
2. ____。
3. ____。

此致

______人民法院

申请执行人：（签名或盖章）

年　　月　　日

附：1. 生效仲裁裁决书或调解书复印件____份

2. 申请人身份证明原件____份

（二）文书范本

执行申请书

申请执行人：王××，女，1965年3月3日出生，汉族，××市××有限公司职员。

住址：北京市××区××路××小区××号楼××房间。

被申请执行人：北京市精致红木家具有限责任公司。

住所：××市×××路2123号。

法定代表人：李××，职务：总经理，电话：×××××××××。

执行依据：

北京仲裁委员会于××××年××月××日作出的（××××）京裁

字第×号裁决。

案由：买卖合同纠纷。

执行内容：

1. 被申请人退回全部货款105000元并赔偿全部货款一倍的损失，共计210000元。

2. 被申请人退还仲裁费用22466元。

3. 被申请人向申请人支付上述款项自本裁决生效之日起至执行之日的同期银行利息。

此致

××市××中级人民法院

申请人：王××

2008年6月10日

（三）文书制作注意事项

1. 申请执行人和被申请执行人应当适格

申请执行人应当是生效法律文书中确定的权利人。生效法律文书中所确定的权利人为公民的，当其死亡时，其继承人可以成为申请执行人。生效法律文书中所确定的权利人为法人或其他组织的，当其终止时，其权利承受人可以成为申请执行人。

申请执行的法律文书的标的应当是财物或者行为，且执行标的和被申请执行人明确。执行中作为被申请执行人的法人或者其他组织分立、合并的，其权利义务由变更后的法人或者其他组织承受；被撤销的，如果依有关实体法的规定有权利义务承受人的，可以裁定该权利义务承受人为被执行人。其他组织在执行中不能履行法律文书确定的义务的，人民法院可以裁定执行对该其他组织依法承担义务的法人或者公民个人的财产。在执行中，作为被申请执行人的法人或者其他组织名称变更的，人民法院可以裁定变更后的法人或者其他组织为被申请执行人。作为被申请执行人的公民死亡，其遗产继承人没有放弃继承的，人民法院可以裁定变更被申请执行人，由该继承人在遗产的范围内偿还债务。继承人放弃继承的，人民法院可以直接执行被申请执行人的遗产。

2. 申请执行人申请执行的法律文书已经生效

根据我国《仲裁法》的规定，仲裁实行一裁终局的制度，裁决书自作出之日起发生法律效力。该法第62条规定，当事人应当履行裁决。一方当事人不履行的，另一方当事人可以依照民事诉讼法的有关规定向人民法院申请执行。受申请的人民法院应当执行。仲裁调解书与仲裁裁决书具有同等的法律效力，仲裁庭根据双方当事人自愿达成的调解协议依法制作的调解书经双方当事人签收即生效，当事人应当自觉履行。对此，《最高人民法院关于适用〈中华人民共和国仲裁法〉若干问题的解释》（以下简称《仲裁法司法解释》）第28条明确规定，当事人请求不予执行仲裁调解书或者根据当事人之间的和解协议作出的仲裁裁决书的，人民法院不予支持。可见，一方当事人拒不履行仲裁调解书的，另一方当事人也有权依法向人民法院申请强制执行。

3. 申请执行人在法定期限内提出申请

《民事诉讼法》第246条规定，申请执行的期间为2年。申请执行时效的中止、中断，适用法律有关诉讼时效中止、中断的规定。前款规定的期间，从法律文书规定履行期间的最后一日起计算；法律文书规定分期履行的，从最后一期履行期限届满之日起计算；法律文书未规定履行期间的，从法律文书生效之日起计算。《最高人民法院关于适用〈中华人民共和国民事诉讼法〉执行程序若干问题的解释》第19条（以下简称《民事诉讼执行程序司法解释》）规定，在申请执行时效期间的最后6个月内，因不可抗力或者其他障碍不能行使请求权的，申请执行时效中止。从中止时效的原因消除之日起，申请执行时效期间继续计算。第20条规定，申请执行时效因申请执行、当事人双方达成和解协议、当事人一方提出履行要求或者同意履行义务而中断。从中断时起，申请执行时效期间重新计算。第21条规定，生效法律文书规定债务人负有不作为义务的，申请执行时效期间从债务人违反不作为义务之日起计算。

4. 向有管辖权的人民法院提出申请

《民事诉讼法》第231条规定，发生法律效力的民事判决、裁定，以及刑事判决、裁定中的财产部分，由第一审人民法院或者与第一审人民法院同级的被执行的财产所在地人民法院执行。法律规定由人民法院执行的其他法律文书，由被执行人住所地或者被执行的财产所在地人民法院执行。根据民事诉讼法有关司法解释的规定，仲裁裁决书、仲裁调解书属于由人民法院执行的其他法律文书。《仲裁法司法解释》第 29 条规定，当事人申请执行仲裁裁决案件，由被执行人住所地或者被执行的财产所在地的中级人民法院管辖。《民事诉讼法》第 233 条规定，人民法院自收到申请执行书之日起超过 6 个月未执行的，申请执行人可以向上一级人民法院申请执行。上一级人民法院经审查，可以责令原人民法院在一定期限内执行，也可以决定由本院执行或者指令其他人民法院执行。《民事诉讼执行程序司法解释》第 13 条规定，《民事诉讼法》第 226 条规定的 6 个月期间，不应当计算执行中的公告期间、鉴定评估期间、管辖争议处理期间、执行争议协调期间、暂缓执行期间以及中止执行期间。

5. 申请执行时应向人民法院提交有关文件和证件

申请执行，应向人民法院提交以下文件和证件：（1）申请执行书。（2）生效法律文书副本。（3）申请执行人的身份证明。自然人申请的，应当出示居民身份证；法人申请的，应当提交法人营业执照副本和法定代表人身份证明；其他组织申请的，应当提交营业执照副本和主要负责人身份证明。（4）继承人或权利承受人申请执行的，应当提交继承或承受权利的证明文件。（5）其他应当提交的文件或证件。（6）申请执行人委托代理人代为申请执行的，应当向人民法院提交授权委托书或特别授权书。

6. 申请执行人应当认真撰写和提交申请执行书

执行申请是人民法院启动执行程序的依据，申请执行人书写申请执行书确有困难的，可以口头提出申请。人民法院接待人员对口头申请应当制作笔录，由申请执行人签字或盖章。外国当事人申请执行的，应当提交中文申请执行书。当事人所在国与我国缔结或共同参加的司法协助条约有特别规定的，按照条约规定办理。

申请执行人书面申请强制执行的，应当认真撰写执行申请书，其主要包括以下内容。

（1）当事人的基本情况。应当写明申请执行人（申请人）和被执行人（被申请人）的基本情况。当事人是自然人的，写明其姓名、性别、年龄、民族、职业或工作单位和职务、住所，住所与经常居住地不一致的，写经常居住地；当事人是法人或其他组织的，应写明其名称、住所、法定代表人或主要负责人的姓名和职务；当事人是个体工商户的，写明业主的姓名、性别、年龄、民族、住所，起有字号的，在其姓名之后用括号注明“系……（字号）业主”；当事人是外国人的，应在其中文译名后用括号写明其外文姓名、护照号码、国籍。有法定代理人或指定代理人的，应列项写明其姓名、性别、职业或工作单位和职务、住所，并在姓名后括注其与当事人的关系。有委托代理人的，应列项写明姓名、性别、职业或工作单位和职务、住所，如果委托人系律师，可只写明其姓名和所在的律师事务所名称。

（2）申请依据、案由和执行内容。申请依据，主要是写明生效法律文书，包括作出裁决的机关名称、日期以及文书编号。案由，主要是根据案件纠纷的性质确定，可以根据裁定书、调解书中载明的案由，在执行申请书中写明。执行内容，应根据裁决书或调解书载明的被申请人所承担的法律责任在申请书中写明。

（3）写明致送的中级人民法院的名称；申请执行人签名或盖章，并注明年、月、日。

此外，应附上作为执行依据的生效法律文书复印件作为附件。

八、执行劳动争议仲裁裁决申请书

执行劳动争议仲裁裁决申请书，是作为权利人的劳动者或用人单位及其他权利人向人民法院申请，请求人民法院强制执行已经生效的劳动争议仲裁裁决书、仲裁调解书时所提交的法律文书。

（一）文书参考样式

执行申请书

申请执行人：____。

被申请执行人：______________________________________。

执行依据：____。

案由：

____

____。

执行内容：

1. ____。
2. ____。
3. ____。

此致

______人民法院

申请执行人：（签名或盖章）

年 月 日

附：1. 生效仲裁裁决书或调解书复印件____份

2. 申请人身份证明原件____份

（二）文书范本

执行申请书

申请执行人：王××，男，36岁，××省××市人。

住址：××市××区××路×××小区××号楼301房间，电话：×××××××××。

被申请执行人：××市××软件技术开发股份公司。

住所：××市××区××路35号卓越写字楼306室。

法定代表人：刘××，职务：总经理，电话：×××××××××。

执行依据：

××劳动争议仲裁委员会于2020年2月24日作出的（2020）京裁字第××号裁决书。

案由：劳动合同纠纷。

执行内容：

1. 被申请执行人向申请执行人支付8个月的惩罚性工资19600元。

2. 被申请执行人向申请执行人支付非法解除劳动合同的赔偿金人民币20000元。

3. 被申请执行人向申请执行人支付上述款项自本裁决生效之日起至执行之日的同期银行利息。

此致

××市××区人民法院

申请人：王××

2020年4月22日

（三）文书制作注意事项

1. 申请执行人和被申请执行人应当适格

申请执行人应当是生效法律文书中确定的权利人。生效法律文书中所确定的权利人为公民的，当其死亡时，其继承人可以成为申请执行人。生效法律文书中所确定的权利人为法人或其他组织的，当其终止时，其权利承受人可以成为申请执行人。

申请执行的法律文书的标的应当是财物或者行为，且执行标的和被申请执行人明确。根据《最高人民法院关于适用〈中华人民共和国民事诉讼法〉的解释》（以下简称《民事诉讼法司法解释》）第 470 条至第 473 条的规定，执行中作为被执行人的法人或者其他组织分立、合并的，人民法院可以裁定变更后的法人或者其他组织为被执行人；被注销的，如果依照有关实体法的规定有权利义务承受人的，可以裁定该权利义务承受人为被执行人。其他组织在执行中不能履行法律文书确定的义务的，人民法院可以裁定执行对该其他组织依法承担义务的法人或者公民个人的财产。在执行中，作为被申请执行人的法人或者其他组织名称变更的，人民法院可以裁定变更后的法人或者其他组织为被申请执行人。作为被申请执行人的公民死亡，其遗产继承人没有放弃继承的，人民法院可以裁定变更被执行人，由该继承人在遗产的范围内偿还债务。继承人放弃继承的，人民法院可以直接执行被申请执行人的遗产。

2. 申请执行的仲裁裁决书、仲裁调解书已经生效

根据我国《劳动争议调解仲裁法》第 47 条和第 48 条的规定，对属于一裁终局的劳动争议案件，仲裁机构作出裁决后，除劳动者在法定期限内提起诉讼的外，裁决书自作出之日起发生法律效力。根据该法第 50 条的规定，当事人对本法第 47 条规定以外的其他劳动争议案件的仲裁裁决不服的，可以自收到仲裁裁决书之日起 15 日内向人民法院提起诉讼；期满不起诉的，裁决书发生法律效力。根据该法第 42 条的规定，经仲裁庭调解达成协议后，仲裁庭依法制作的调解书经双方当事人签收后，发生法律效力。该法第 51 条规定，当事人对发生法律效力的调解书、裁决书，应当依照规定的期限履行。一方当事人逾期不履行的，另一方当事人可以依照民事诉讼法的有关规定向人民法院申请执行。受理申请的人民法院应当依法执行。

3. 申请执行人在法定期限内提出申请

《民事诉讼法》第 246 条规定，申请执行的期间为 2 年。申请执行时效的中止、中断，适用法律有关诉讼时效中止、中断的规定。前款规定的期间，从法律文书规定履行期间的最后一日起计算；法律文书规定分期履行的，从最后一期履行期限届满之日起计算；法律文书未规定履行期间的，从法律文书生效之日起计算。《民事诉讼执行程序司法解释》第 19 条规定，在申请执行时效期间的最后 6 个月内，因不可抗力或者其他障碍不能行使请求权的，申请执行时效中止。从中止时效的原因消除之日起，申请执行时效期间继续计算。第 20 条规定，申请执行时效因申请执行、当事人双方达成和解协议、当事人一方提出履行要求或者同意履行义务而中断。从中断时起，申请执行时效期间重新计算。第 21 条规定，生效法律文书规定债务人负有不作为义务的，申请执行时效期间从债务人违反不作为义务之日起计算。

4. 当向有管辖权的人民法院提出申请

《民事诉讼法》第 231 条规定，发生法律效力的民事判决、裁定，以及刑事判决、裁定中的财产部分，由第一审人民法院或者与第一审人民法院同级的被执行的财产所在地人民法院执行。法律规定由人民法院执行的其他法律文书，由被执行人住所地或者被执行的财产所在地人民法院执行。根据民事诉讼法相关司法解释的有关规定，劳动争议仲裁裁决书和仲裁调解书属于其他法律文书，因此，应当按照上述规定确定执行管辖。《民事诉讼法》第 233 条规定，人民法院自收到申请执行书之日起超过 6 个月未执行的，申请执行人可以向上一级人民法院申请执行。上一级人民法院经审查，可以责令原人民法院在一定期限内执行，也可以决定由本院执行或者指令其他人民法院执行。

5. 申请执行时应向人民法院提交有关文件和证件

申请执行，应向人民法院提交以下文件和证件：（1）申请执行书。（2）生效法律文书副本。（3）申请执行人的身份证明。自然人申请的，应当出示居民身份证；法人申请的，应当提交法人营业执照副本和法定代表人身份证明；其他组织申请的，应当提交营业执照副本和主要负责人身份证明。（4）继承人或权利承受人申请执行的，应当提交继承或承受权利的证明文件。（5）其他应当提交的文件或证件。（6）申请执行人委托代理人代为申请执行的，应当向人民法院提交授权委托书或特别授权书。

6. 申请执行人应当认真撰写和提交申请执行书

执行申请是人民法院启动执行程序的依据，申请执行人书写申请执行书确有困难的，可以口头提出申请。人民法院接待人员对口头申请应当制作笔录，由申请执行人签字或盖章。外国当事人申请执行的，应当提交中文申请执行书。当事人所在国与我国缔结或共同参加的司法协助条约有特别规定的，按照条约规定办理。

申请执行人书面申请强制执行的，应当认真撰写执行申请书，其主要包括以下内容。

（1）当事人的基本情况。应当写明申请执行人（申请人）和被执行人（被申请人）的基本情况。当事人是自然人的，写明其姓名、性别、年龄、民族、职业或工作单位和职务、住所，住所与经常居住地不一致的，写经常居住地；当事人是法人或其他组织的，应写明其名称、住所、法定代表人或主要负责人的姓名和职务；有委托代理人，应列项写明姓名、性别、职业或工作单位和职务、住所，如果委托人系律师，可只写明其姓名和所在的律师事务所名称。

（2）申请依据、案由和执行内容。申请依据，主要是写明生效法律文书，包括作出裁决的机关名称、日期以及文书编号。案由，主要是根据案件纠纷的性质确定，可以根据裁定书、调解书中载明的案由，在执行申请书中写明。执行内容，应根据裁决书或调解书载明的被申请人所承担的法律责任在申请书中写明。

（3）写明致送的人民法院的名称；申请执行人签名或盖章，并注明年、月、日。

此外，应附上作为执行依据的生效法律文书，提供申请执行人的有关身份证明和证件作为附件。

九、执行具体行政行为申请书

执行具体行政行为申请书，是行政机关或具体行政行为确定的权利人向人民法院提出，请求人民法院执行行政机关具体行政行为时使用的法律文书。

（一）文书参考样式

申请执行书

申请执行人：______________________________________。

被申请执行人：____________________________________。

执行事项：_______________________________________

____。

事实和理由：

____

____。

此致

______人民法院

申请执行人：（签名或盖章）

年　　月　　日

附：人民法院（　　）____字第________号行政判决（裁定）书____份

（二）文书范本

申请执行书

申请执行人：××市××区人力资源和社会保障局。

住所地：××市××区××路××区人民政府办公楼6层628室。

法定代表人：徐××，职务：局长，电话：×××××××××。

被申请执行人：××市××区××美容连锁机构。

住所地：××市××区××街29号院。

负责人：郝××。电话：×××××××××。

执行事项：

申请依法强制执行××〔2021〕第××号劳动保障监察行政处罚决定书。

事实和理由：

被申请执行人未依法办理社会保险登记，未依法签订劳动合同，未依法缴纳社会保险金，且逾期仍未改正。根据《劳动保障监察条例》第30

条第1款第3项的规定，申请执行人于2021年5月6日对被执行人作出××〔2021〕第××号劳动保障监察行政处罚决定书，责令缴纳基本养老保险费5744元；责令缴纳罚款5000元及加处罚款13500元。该行政处罚决定已生效。在法定期限内，被申请执行人即未申请行政复议，又未向人民法院提起诉讼，申请人特申请贵院依法强制执行。

此致

××市××区人民法院

申请执行人：××市××区人力资源和社会保障局

2021年6月1日

附：1. 本申请执行书副本1份

2. ××〔2021〕第××号劳动保障监察行政处罚决定书复印件1份

（三）文书制作注意事项

1. 行政机关申请强制执行须有合法事由

《行政诉讼法》第97条规定，公民、法人或者其他组织对行政行为在法定期限内不提起诉讼又不履行的，行政机关可以申请人民法院强制执行，或者依法强制执行。《最高人民法院关于适用〈中华人民共和国行政诉讼法〉的解释》（以下简称《行政诉讼法司法解释》）第155条规定，行政机关根据行政诉讼法第97条的规定申请执行其行政行为，应当具备以下条件：（1）行政行为依法可以由人民法院执行；（2）行政行为已经生效并具有可执行内容；（3）申请人是作出该行政行为的行政机关或者法律、法规、规章授权的组织；（4）被申请人是该行政行为所确定的义务人；（5）被申请人在行政行为确定的期限内或者行政机关催告期限内未履行义务；（6）申请人在法定期限内提出申请；（7）被申请执行的行政案件属于受理执行申请的人民法院管辖。行政机关申请人民法院执行，应当提交行政强制法第55条规定的相关材料。人民法院对符合条件的申请，应当在5日内立案受理，并通知申请人；对不符合条件的申请，应当裁定不予受理。行政机关对不予受理裁定有异议，在15日内向上一级人民法院申请复议的，上一级人民法院应当在收到复议申请之日起15日内作出裁定。

2. 申请执行人应在法定期限内提出执行申请

《行政诉讼法司法解释》第156条规定，没有强制执行权的行政机关申请人民法院强制执行其行政行为，应当自被执行人的法定起诉期限届满之日起3个月内提出。逾期申请的，除有正当理由外，人民法院不予受理。第158条规定，行政机关根据法律的授权对平等主体之间民事争议作出裁决后，当事人在法定期限内不起诉又不履行，作出裁决的行政机关在申请执行的期限内未申请人民法院强制执行的，生效行政裁决确定的权利人或者其继承人、权利承受人在6个月内可以申请人民法院强制执行。享有权利的公民、法人或者其他组织申请人民法院强制执行生效行政裁决，参照行政机关申请人民法院强制执行行政行为的规定。

3. 申请执行应向人民法院提交必要的文件和证件

《行政强制法》第55条规定，行政机关向人民法院申请强制执行，应当提供下列材料：（1）强制执行申请书；（2）行政决定书及作出决定的事实、理由和依据；（3）当事人的意见及行政机关催告情况；（4）申请强制执行标的情况；（5）法律、行政法规规定的其他材料。强制执行申请书应当由行政机关负责人签名，加盖行政机关的印章，并注明日期。根据《最高人民法院关于人民法院执行工作若干问题的规定（试行）》第18条和第20条的规定，申请执行，应向人民法院提交下列文件和证件：（1）申请执行书。申请执行书中应当写明申请执行的理由、事项、执行标的，以及申请执行人所了解的被执行人的财产状况。申请执行人书写申请执行书确有困难的，可以口头提出申请。人民法院接待人员对口头申请应当制作笔录，由申请执行人签字或盖章。外国一方当事人申请执行的，应当提交中文申请执行书。当事人所在国与我国缔结或共同参加的司法协助条约有特别规定的，按照条约规定办理。（2）生效法律文书副本。（3）申请执行人的身份证明。自然人申请的，应当出示居民身份证；法人申请的，应当提交法人营业执照副本和法定代表人身份证明；非法人组织申请的，应当提交营业执照副本和主要负责人身份证明。（4）继承人或权利承受人申请执行的，应当提交继承或承受权利的证明文件。（5）其他应当提交的文件或证件。申请执行人可以委托代理人代为申请执行。委托代理的，应当向人民法院提交经委托人签字或盖章的授权委托书，写明代理人的姓名或者名称、代理事项、权限和期限。

4. 申请执行应向有管辖权的人民法院提出

《行政诉讼法司法解释》第157条规定，行政机关申请人民法院强制执行其行政行为的，由申请人所在地的基层人民法院受理；执行对象为不动产的，由不动产所在地的基层人民法院受理。基层人民法院认为执行确有困难的，可以报请上级人民法院执行；上级人民法院可以决定由其执行，也可以决定由下级人民法院执行。

5. 申请执行人应认真撰写和提交申请执行书

申请人向人民法院申请执行应提交书面申请执行书，其一般包括以下内容。

（1）当事人的基本情况。即应当写明申请执行人（申请人）和被申请执行人（被申请人）的基本情况。当事人是自然人的，写明其姓名、性别、年龄、民族、职业或工作单位和职务、住所；是法人或其他组织的，应写明其名称、住所、法定代表人或主要负责人的姓名和职务；是外国人的，应在其中文译名后用括号写明其外文姓名、护照号码、国籍。

（2）请求事项。应写明申请执行人申请执行的已经生效的法律文书名称和编号以及该文书所载明的执行内容。

（3）事实和理由。简要地叙述具体行政行为的作出时间、经过和主要内容，并说明被申请执行人未执行具体行政行为的状况，说明申请强制执行的依据即理由。此外，如有必要，申请执行人可向人民法院提供被申请执行人可供执行的财产线索，包括具体财产的名称及其所在的位置等。

（4）最后，写明致送机关，即具体人民法院的名称；申请执行人签名或盖章，并注明提交文书的年、月、日。

此外，附项中应注明证据的名称和件数、举证证人的姓名和住址；并应附上作为执行依据的有关具体行为的法律文书复印件。

十、民事起诉状

民事起诉状，是指民事法律关系主体因自己的民事权益受到侵害或者与他人发生争议，而向人民法院提交的，请求人民法院依照法定程序进行裁判的法律文书。

（一）文书参考样式

起诉书

（原、被告均为自然人）

原告：__________性别：______出生日期：__________民族：_______

工作单位：__________________电话：___________________________

住址：______________________邮政编码：_______________________

被告：__________性别：______出生日期：__________民族：_______

工作单位：__________________电话：___________________________

住址：______________________邮政编码：_______________________

案由：____

诉讼请求：（写明请求的目的和要求）___________________________。

起诉事实和理由：（简要写明原、被告之间的争议内容，包括发生纠纷的时间、地点、原因并阐明起诉的理由和根据）____________________

____

____。

此致

______人民法院

原告：（签名）

年　　月　　日

起诉书

（原告为自然人，被告为法人或其他组织）

原告：__________性别：______出生日期：__________民族：_______

工作单位：__________________电话：___________________________

住址：______________________邮政编码：_______________________

被告（全称）：______________ 电话：___________________________

法定代表人姓名：____________职务：___________________________

单位地址：__________________邮政编码：_______________________

案由：____

诉讼请求：（写明请求的目的和要求）___________________________。

起诉事实和理由：（简要写明原、被告之间的争议内容，包括发生纠纷的时间、地点、原因并阐明起诉的理由和根据）____________________
____
____。

此致

______人民法院

原告：（签名）

年　　月　　日

起诉书

（原告为法人或其他组织，被告为自然人）

原告（全称）：____________________电话：______________________

法定代表人姓名：________________职务：______________________

单位地址：______________________邮政编码：__________________

被告：________性别：______出生时间：________民族：___________

工作单位：______________________电话：______________________

住址：__________________________邮政编码：__________________

案由：____

诉讼请求：（写明请求的目的和要求）____________________________。

起诉事实和理由：（简要写明原、被告之间的争议内容，包括发生纠纷的时间、地点、原因并阐明起诉的理由和根据）____________________
____
____。

此致

______人民法院

原告：（盖章）

年　　月　　日

起诉书

（原、被告均为法人或其他组织）

原告（全称）：______________ 电话：______________

法定代表人姓名：______________ 职务：______________

单位地址：______________ 邮政编码：______________

被告（全称）：______________ 电话：______________

法定代表人姓名：______________ 职务：______________

单位地址：______________ 邮政编码：______________

案由：______________

诉讼请求：（写明请求的目的和要求）______________。

起诉事实和理由：（简要写明原、被告之间的争议内容，包括发生纠纷的时间、地点、原因并阐明起诉的理由和根据）______________
____
______________。

此致

______人民法院

原告：（盖章）

年　　月　　日

（二）文书范本

起诉书

原告：夏××，女，1988年4月21日出生，汉族。

工作单位：××市××镇××水泥厂，电话：×××××××××。

住址：××市××镇××村，邮政编码：××××××。

被告：张××，男，1987年6月13日出生，汉族。

工作单位：××市××镇××建材有限公司，电话：××××××××。

住址：××市××镇××村，邮政编码：××××××。

案由：离婚纠纷

诉讼请求：

1. 请求判决原被告双方离婚；

2. 依法分割双方婚姻存续期间的共同财产；

3. 请求判决被告抚养双方婚生子女张甲和张乙，并承担全部抚养费；

4. 请求判决被告支付损害赔偿费 20000 元。

起诉事实和理由：

2008 年我和被告经人介绍相识，2009 年 8 月办理了结婚登记，婚后生育一子一女，女儿名叫张×；儿子名叫张××。婚后感情很好，双方曾经共同经营××建材有限公司，生意一度十分红火。但自从 2019 年 3 月份被告认识钱××后，他二人发生婚外情，被告从此不再顾家，我多次好言相劝，被告不但不听，反而动手打我，钱××竟也住进我家。被告这种不尽丈夫、父亲义务的行为，实在伤透了我的心。现在双方夫妻感情已完全破裂，现原告依据《中华人民共和国民法典》第 1079 条、第 1087 条和第 1091 条规定，请求贵院依法判决原告与被告离婚，由被告抚养两个孩子和承担全部抚养费用，依法分割共同财产，并向原告支付损害赔偿费 20000 元。

此致

××县人民法院

原告：夏××

2021 年 10 月 16 日

附：1. 本诉状副本 1 份

2. 婚后共同财产清单 1 份

起诉书

原告：甲市南方机械有限公司，电话：×××××××××。

住所地：甲市××区××街××工业大厦 8 号写字楼 1201 室。

法定代表人：何××，职务：总经理。

诉讼代理人：成××、唐××，均为××市××律师事务所律师。

被告：乙市耀眼电器集团有限公司，电话：×××××××××。

住所地：乙市××区××大街 21 号楼 201 室。

法定代表人：辛××，职务：董事长。

被告：丙市耀华电器有限公司，电话：×××××××××。

住所地：丙市××镇××工业区××号楼106室。

法定代表人：毛××，职务：总经理。

诉讼代理人：杜××，××市××律师事务所律师。

诉讼请求：

1. 请求判令两被告支付货款419万港元；

2. 请求判令两被告赔偿逾期支付上述货款的利息损失（按照自违约之日至上述货款实际支付之日的同期银行利息计算）。

起诉事实与理由：

2000年1月10日被告耀眼电器集团有限公司（下称耀眼公司）为在丙市成立耀华电器有限公司（下称耀华公司），与南方机械有限公司（下称南方公司）签订了一份买卖合同，约定耀眼公司向南方公司购买总价值为665万港元的货物，耀眼公司先付定金，余款在送货后的45天内支付，订单确定后45天第一次交货，60天第二次交货，由南方公司负责安装和调试，保养期为送货之日起1年。合同签订后，耀眼公司支付了定金，南方公司于2000年2月25日、3月10日将两批应交的货物运到丙市港口，并催耀眼公司提货付运。耀眼公司2000年5月17日出具收货单签收货物，并至2000年9月4日将货物运到丙市。2000年11月11日由耀华公司验收并向南方公司确认收到上述货物，后南方公司将该批货物安装到耀华公司处，由耀华公司使用。货物在使用中出现的问题，也由南方公司为耀华公司进行多次维修。但耀眼公司与耀华公司收取货物后，剩余货款即419万港元经原告南方公司多次催收后一直拒不支付。耀眼公司的行为构成违约，其应支付拖欠的全部货款并应按照同期银行利息向原告赔偿损失。耀华公司是耀眼公司成立的全资企业，并受领和实际使用本案原告交付的货物，因此，耀华公司应承担连带付款责任。现原告依法提起诉讼，请求贵院判决两被告向原告支付尚拖欠的货款419万港元和因拖欠支付该货款给原告造成的利息损失。

此致

乙市中级人民法院

原告：甲市南方机械有限公司（盖章）

诉讼代理人：成××、唐××

2001年1月9日

（三）文书制作注意事项

1. 提起诉讼应当符合法定条件

《民事诉讼法》第122条规定，起诉必须符合下列条件：（1）原告是与本案有直接利害关系的公民、法人和其他组织；（2）有明确的被告；（3）有具体的诉讼请求和事实、理由；（4）属于人民法院受理民事诉讼的范围和受诉人民法院管辖。

2. 提起诉讼应当符合法定形式并依法制作起诉状

《民事诉讼法》第123条规定，起诉应当向人民法院递交起诉状，并按照被告人数提出副本。书写起诉状确有困难的，可以口头起诉，由人民法院记入笔录，并告知对方当事人。据此，原告以书面形式提起诉讼时应当依法递交起诉状。《民事诉讼法》第124条规定，起诉状应当记明下列事项：（1）原告的姓名、性别、年龄、民族、职业、工作单位、住所、联系方式，法人或者其他组织的名称、住所和法定代表人或者主要负责人的姓名、职务、联系方式；（2）被告的姓名、性别、工作单位、住所等信息，法人或者其他组织的名称、住所等信息；（3）诉讼请求和所根据的事实与理由；（4）证据和证据来源，证人姓名和住所。此外，起诉状应当载明致送的法院名称、起诉人即原告签名或盖章，最后应注明年、月、日。起诉书一式两份，按被告人数增加副本，用钢笔或签字笔书写（颜色须用蓝黑或碳素）。

3. 应当正确书写当事人有关事项

在起诉状中应当写明原告、被告的姓名、性别、出生日期、民族、职业或工作单位和住址、联系电话等基本情况。如果原告或被告为无民事诉讼行为能力人，应在原告或被告事项之后写明其法定代理人的基本情况及其与原告或被告的关系；当事人是法人或其他组织的，应写明其全称、地址、法定代表人姓名、职务、联系电话等内容。原告或者其法定代理人委托了诉讼代理人的，应在委托人之后写明诉讼代理人的姓名、性别、出生日期、民族、职业或工作单位和住址、联系电话等基本情况；诉讼代理人为律师的，应当写明律师的姓名和其所在的律师事务所名称、联系电话等事项。如果有数个原告、被告的，则依据他们在案件中的地位和作用，由重到轻依次排列。

4. 准确写明“案由”

民事案件案由是民事案件名称的重要组成部分，反映案件所涉及的民事法律关系的性质，是对诉讼争议所包含的法律关系的概括，是人民法院进行民事案件管理的重要手段。民事案件案由应当依据当事人主张的民事法律关系的性质来确定。如肖像权纠纷、名誉权纠纷、买卖合同纠纷、物权保护纠纷等。依据 2020 年发布的《最高人民法院关于印发修改后的〈民事案件案由规定〉的通知》（以下简称《民事案件案由规定》），对民事案件案由的表述方式原则上确定为“法律关系性质”加“纠纷”，一般不再包含争议焦点、标的物、侵权方式等要素。但是，考虑当事人诉争的民事法律关系具有复杂性，为了更准确地体现诉争的民事法律关系和便于司法统计，修改后的《民事案件案由规定》在坚持以法律关系性质作为案由的确定标准的同时，对少部分案由也依据请求权、形成权或者确认之诉、形成之诉的标准进行确定，允许少部分案由包含争议焦点、标的物、侵权方式等要素。同一诉讼中涉及两个以上法律关系的，应当依当事人诉争的法律关系的性质确定案由，均为诉争法律关系的，则按诉争的两个以上法律关系确定并列的两个案由。可见，民事案件案由具有法定性，原告起诉时不得任意确定案由，而应当根据上述《民事案件案由规定》来确定并在起诉状中准确写明案由。

5. 依法提出诉讼请求

诉讼请求是原告通过人民法院向被告所主张的具体权利，这主要表现为原告要求被告承担的具体民事责任。原告应根据被被告侵害的权利不同，提出不同的诉讼请求，即要求被告承担不同的民事责任。

《民法典》第 179 条规定，承担民事责任的方式主要有：（1）停止侵害；（2）排除妨碍；（3）消除危险；（4）返还财产；（5）恢复原状；（6）修理、重作、更换；（7）继续履行；（8）赔偿损失；（9）支付违约金；（10）消除影响、恢复名誉；（11）赔礼道歉。法律规定惩罚性赔偿的，依照其规定。本条规定的承担民事责任的方式，可以单独适用，也可以合并适用。

根据《民法典》第 233 条至第 239 条的规定，物权受到侵害的，权利人可以通过和解、调解、仲裁、诉讼等途径解决。因物权的归属、内容发生争议的，利害关系人可以请求确认权利。无权占有不动产或者动产的，权利人可以请求返还原物。妨害物权或者可能妨害物权的，权利人可以请求排除妨害或者消除危险。造成不动产或者动产毁损的，权利人可以依法请求修理、重作、更换或者恢复原状。侵害物权，造成权利人损害的，权利人可以依法请求损害赔偿，也可以依法请求承担其他民事责任。上述规定的物权保护方式，可以单独适用，也可以根据权利被侵害的情形合并适用。

《民法典》第577条规定，当事人一方不履行合同义务或者履行合同义务不符合约定的，应当承担继续履行、采取补救措施或者赔偿损失等违约责任。根据该法规定，除了上述违约责任外，违约方还应当根据合同约定承担定金责任或违约金责任等。

在起诉状中原告向法院提出的诉讼请求应当结合纠纷的实际情况，将被告应承担的上述责任或其他民事责任明确化、具体化。

6. 着重阐述诉讼请求赖以成立的事实和法律依据

这是民事起诉状的核心部分，应主要说明原、被告之间的争议内容，包括发生纠纷的时间、地点、原因并阐明起诉的理由和根据。首先，应针对诉讼请求，客观、准确地阐明当事人之间发生争议和与原告提起诉讼请求有关的法律事实。所谓“法律事实”，是指确定当事人之间权利义务和法律责任直接有关的事实。如在合同纠纷中，合同订立的时间、订立形式、合同内容、履约行为、违约行为等就属于法律事实。至于合同书由谁起草、起草中是否修改等事实，除了因合同词义分歧引起的争议或格式合同争议外，一般无须在起诉状中予以说明。如在侵权纠纷中，侵权行为发生的时间、地点、过程、原因、行为实施人、危害程度、危害后果等事实就属于法律事实，而与侵权义务人承担侵权责任无关的非法律事实则无须说明。其次，根据相关的法律规定，阐述诉讼请求的正当性与合法性以及被告所应承担的民事责任。在叙述事实时应抓住重点并围绕着诉讼请求这一主题展开叙述和分析论证，并注意详略得当、层次分明；引用的法律条文必须准确、全面。

7. 应提供相关证据以支持自己的诉讼请求

凡是能够证明案件真实情况的各种资料就是证据，在民事诉讼中证据主要包括：书证，物证，以声音、图像及计算机储存的数据等视听材料，证人证言，当事人的陈述、鉴定结论及勘验笔录等。根据《最高人民法院关于民事诉讼证据的若干规定》第1条的规定，原告向人民法院起诉或者被告提出反诉，应当提供符合起诉条件的相应的证据。因此，原告在提起诉讼时应当附有符合起诉条件的相应的证据材料，缺乏相应证据材料的，人民法院将不予受理。

8. 原告应当向有管辖权的人民法院提交起诉状

所谓“有管辖权的法院”，是指有权受理原告起诉状和有权审理该案件的法院。具体来说，如何确定纠纷案件的管辖法院，应当根据《民事诉讼法》确定的级别管辖和地域管辖原则和有关案件的性质来确定。

原告提起诉讼时首先应当根据案件的复杂程度和解决难度的大小、案件影响的地域范围、诉讼标的金额的大小以及案件的性质确定级别管辖。《民事诉讼法》第18条规定，基层人民法院管辖第一审民事案件，但本法另有规定的除外。第19条规定，中级人民法院管辖下列第一审民事案件：（1）重大涉外案件；（2）在本辖区有重大影响的案件；（3）最高人民法院确定由中级人民法院管辖的案件。第20条规定，高级人民法院管辖在本辖区有重大影响的第一审民事案件。第21条规定，最高人民法院管辖下列第一审民事案件：（1）在全国有重大影响的案件；（2）认为应当由本院审理的案件。

在确定级别管辖的基础上，原告还应当了解向何地的基层人民法院、中级人民法院或高级人民法院起诉。对此，《民事诉讼法》第22条确立了一般地域管辖原则，即对公民提起的民事诉讼，由被告住所地人民法院管辖；被告住所地与经常居住地不一致的，由经常居住地人民法院管辖。对法人或者其他组织提起的民事诉讼，由被告住所地人民法院管辖。同一诉讼的几个被告住所地、经常居住地在两个以上人民法院辖区的，各该人民法院都有管辖权。除了上述一般地域管辖原则外，《民事诉讼法》及《民事诉讼法司法解释》也规定了一般地域管辖例外原则和特殊地域管辖原则。原告提起诉讼时应当根据案件性质和上述法律和司法解释的具体规定来确定地域管辖。

9. 原告应当在诉讼时效期间提起诉讼

诉讼时效期间是当事人提起民事诉讼和请求人民法院保护其民事权利的有效期间，超过该期间当事人提起诉讼的，其将丧失通过诉讼获得救济的权利。《民法典》第188条第1款规定，向人民法院请求保护民事权利的诉讼时效期间为3年。法律另有规定的，依照其规定。根据该条规定，普通诉讼时效为3年，在法律没有特别诉讼时效规定的情况下，权利人应当在知道或者应当知道其权利受到侵害之日起3年内提起诉讼。第188条第2款规定，诉讼时效期间自权利人知道或者应当知道权利受到损害以及义务人之日起计算。法律另有规定的，依照其规定。但是，自权利受到损害之日起超过20年的，人民法院不予保护，有特殊情况的，人民法院可以根据权利人的申请决定延长。第192条第2款规定，诉讼时效期间届满后，义务人同意履行的，不得以诉讼时效期间届满为由抗辩；义务人已经自愿履行的，不得请求返还。第194条规定，在诉讼时效期间的最后6个月内，因下列障碍，不能行使请求权的，诉讼时效中止：（1）不可抗力；（2）无民事行为能力人或者限制民事行为能力人没有法定代理人，或者法定代理人死亡、丧失民事行为能力、丧失代理权；（3）继承开始后未确定继承人或者遗产管理人；（4）权利人被义务人或者其他人控制；（5）其他导致权利人不能行使请求权的障碍。自中止时效的原因消除之日起满6个月，诉讼时效期间届满。第195条规定，有下列情形之一的，诉讼时效中断，从中断、有关程序终结时起，诉讼时效期间重新计算：（1）权利人向义务人提出履行请求；（2）义务人同意履行义务；（3）权利人提起诉讼或者申请仲裁；（4）与提起诉讼或者申请仲裁具有同等效力的其他情形。

十一、民事答辩状

民事答辩状，是指被告或被上诉人收到原告或上诉人的起诉状副本或上诉状副本后，针对原告或上诉人提出的诉讼请求或上诉请求、事实和理由，向人民法院提交的、进行辩驳的诉讼法律文书。根据适用程序，可以分为一审民事答辩状、二审民事答辩状。

（一）文书参考样式

民事答辩状

答辩人（姓名或单位名称）：________________________________。

答辩人因__________一案（或：答辩人因__________对__________一案所提上诉），提出答辩如下：

____

____

____。

此致

______人民法院

答辩人：（签名或盖章）

年　　月　　日

（二）文书范本

民事答辩状

答辩人：丙市耀华电器有限公司。

住所地：丙市××镇××工业区××号楼106室。

法定代表人：毛××，职务：总经理。

答辩人因原告甲市南方公司诉申请人和乙市耀眼电器公司买卖合同纠纷一案提出答辩如下：

一、申请人不是本案买卖合同的买受人，故不应成为本案买卖合同纠纷的被告

本案买卖合同是由耀眼公司与南方公司作为双方当事人签订的。合同约定作为买受人的耀眼公司对南方公司具有付款义务和接受货物的权利，收货的签收单也是耀眼公司出具并由其就质量问题提出异议的，可见，整个合同的签订和具体的履行过程都与耀华公司无关。耀眼公司不按约定向南方公司支付货款，南方公司作为货物出卖人有权向耀眼公司主张货款，而不应向与买卖合同无关的耀华公司追偿，耀华公司不应成为本案的被告。

二、申请人并未因接受、验收货物和使用货物的行为成为买卖合同的买受人

首先，买卖合同约定由买方耀眼公司付款，并没有约定由作为使用人的耀华公司付款。本案中耀眼公司签收货物后交给申请人使用并授权申请人验收，但申请人并没有责任因此承担向卖方南方公司付款的义务。其次，尽管申请人耀华公司是耀眼公司注册成立的独资企业，但两公司是各自独立的法人，其民事责任各自承担。因此，南方公司无权要求申请人支付耀眼公司拖欠的货款。最后，南方公司按照其与耀眼公司合同的约定对货物进行安装调试和维修，这是其履行与耀眼公司合同义务的行为，货物虽然为申请人所使用，但不能因此认定是为申请人安装调试和维修，因此南方公司向申请人主张货款没有法律依据。

三、买受人和申请人之间并未发生买卖合同的权利义务转让

本案中，申请人虽然按照耀眼公司的委托接受和验收货物，并根据双方的约定使用了耀眼公司所购买的南方公司的货物，但没有证据证明作为

买受人的耀眼公司与申请人之间就其与南方公司之间的买卖合同的权利义务进行了转让，因此，申请人并不是本案中买卖合同的主体即买受人之一，可见南方公司要求申请人支付货款的诉讼主张不能成立。

综上所述，本案中南方公司将申请人耀华公司作为被告之一没有法律依据，请求人民法院依法驳回其对申请人提出的支付货款和与耀眼公司承担连带责任的诉讼请求。

此致

乙市中级人民法院

答辩人：丙市耀华电器有限公司

2022 年 2 月 2 日

（三）文书制作注意事项

1. 答辩状应当采取书面形式

答辩状作为被告或被上诉人收到起诉状或上诉状的一种回应和答辩，应当采取书面形式。其内容主要包括当事人的基本事项，答辩事由和答辩内容。此外，要写明致送法院、答辩人签名或盖章，并注明年、月、日。

2. 应针对起诉或上诉事实和理由进行答辩

首先，答辩状要针对起诉状或上诉状中陈述事实方面进行答辩，指明对方陈述的不实之处，可根据相关证据部分否定或全部否定原告或上诉人的起诉或上诉请求缺乏事实依据，并通过相应的证据支持自己的主张，阐明事实真相。其次，针对起诉状或上诉状中的诉讼请求所依据的法律理由进行答辩，指出其起诉或上诉请求没有法律依据。

3. 答辩状应当在法定期间内提出

《民事诉讼法》第 128 条规定，人民法院应当在立案之日起 5 日内将起诉状副本发送被告，被告应当在收到之日起 15 日内提出答辩状。答辩状应当记明被告的姓名、性别、年龄、民族、职业、工作单位、住所、联系方式；法人或者其他组织的名称、住所和法定代表人或者主要负责人的姓名、职务、联系方式。人民法院应当在收到答辩状之日起 5 日内将答辩状副本发送原告。被告不提出答辩状的，不影响人民法院审理。

根据《民事诉讼法》第 173 条和第 174 条的规定，上诉状应当通过原审人民法院提出，并按照对方当事人或者代表人的人数提出副本。当事人直接向第二审人民法院上诉的，第二审人民法院应当在5日内将上诉状移交原审人民法院。原审人民法院收到上诉状，应当在5日内将上诉状副本送达对方当事人，对方当事人在收到之日起15日内提出答辩状。人民法院应当在收到答辩状之日起5日内将副本送达上诉人。对方当事人不提出答辩状的，不影响人民法院审理。原审人民法院收到上诉状、答辩状，应当在5日内连同全部案卷和证据，报送第二审人民法院。

十二、证据调查申请书

调查证据申请书，是指民事诉讼中当事人及其诉讼代理人因客观原因不能自行收集证据时，向人民法院提交的请求人民法院依职权调查收集证据的法律文书。

（一）文书参考样式

证据调查申请书

申请人：________________________________。

被申请人：______________________________。

申请事项：________________________________

____

____。

原因和理由：______________________________

____

____

____

____。

此致

______人民法院

申请人：（签名或盖章）

年　月　日

（二）文书范本

证据调查申请书

申请人：××市××科技开发有限责任公司。

住所地：××市××街××号。

法定代表人：孔××，职务：董事长，联系电话：××××××××。

被申请人：××市××技术有限责任公司。

住所地：××市××街××号。

负责人：姜××，职务：董事长，联系电话：×××××××××。

申请事项：

请求人民法院依法调查被告严××泄露申请人的××技术秘密。

原因和理由：

在申请人诉严××和被申请人不正当竞争一案中，对被申请人严××泄露申请人的××技术秘密行为进行取证，直接关系到申请人能否追究被申请人和严××的赔偿责任。申请人的诉讼代理人高××律师曾多次到被申请人处了解情况，但都遭到了被申请人的拒绝。根据《民事诉讼法》第67条第2款和《最高人民法院关于民事诉讼证据的若干规定》第2条第2款的规定，申请人特向贵法院提出申请，请求贵院对严××向被申请人泄露申请人××技术秘密依法调查取证。

此致

××市××区人民法院

申请人：××市××科技开发有限责任公司

2021年1月16日

（三）文书制作注意事项

1. 调查证据申请书应当采取书面形式

当事人及其诉讼代理人申请人民法院调查收集证据，应当提交书面申请。申请书应当载明被调查人的姓名或者单位名称、住所地等基本情况、所要调查收集的证据的内容、需要由人民法院调查收集证据的原因及其要证明的事实。

2. 申请调查证据应当符合法定情形

《民事诉讼法》第67条第1款和第2款规定，当事人对自己提出的主张，有责任提供证据。当事人及其诉讼代理人因客观原因不能自行收集的证据，或者人民法院认为审理案件需要的证据，人民法院应当调查收集。除依职权调查取证外，人民法院调查收集证据，应当依当事人的申请进行。符合下列条件之一的，当事人及其诉讼代理人可以申请人民法院调查收集证据：(1) 申请调查收集的证据属于国家有关部门保存并须人民法院依职权调取的档案材料；(2) 涉及国家秘密、商业秘密、个人隐私的材料；(3) 当事人及其诉讼代理人确因客观原因不能自行收集的其他材料。

十三、证据保全申请书

证据保全，是指在证据可能灭失或者以后难以取得的情况下，人民法院根据当事人和其他诉讼参加人的申请，或者人民法院依职权决定，对证据加以调查收集和固定保存的活动。为了防止证据灭失、损失，当事人可以向人民法院申请证据保全。

（一）文书参考样式

证据保全申请书

申请人：____。

申请事项：

____。

事实和理由：

____

____

____。

此致

______人民法院

申请人：（签名或盖章）

年 月 日

（二）文书范本

证据保全申请书

申请人：××市××技术开发有限责任公司。

住所地：××市××区××街××商务大厦。

法定代表人：杨××，职务：总经理，联系电话：××××××××。

请求事项：

请求人民法院对被告陶××位于××市××区××路××号家中电脑及相关存储设备中有关申请人的客户名单、销售信息采取保全措施。

事实和理由：

申请人就陶××侵犯商业秘密一案，已向贵院提起诉讼。被告陶××在我单位工作期间利用职务之便所掌握和窃取的我公司的经营客户名单、销售信息等商业秘密，现正存放于其在××市××区××路××号家中电脑及相关存储设备中，这些资料极易被修改、藏匿、销毁和灭失，一旦修改、销毁和灭失将使申请人丧失胜诉的有利证据，并给申请人造成不可挽回的损失。现根据《民事诉讼法》第84条规定，特向贵院申请证据保全，请求贵院对被申请人陶××家中电脑及相关存储设备中有关我公司的经营客户名单、销售信息，采取查封、扣押和存储等保全措施。

此致

××市××区人民法院

申请人：××市××技术开发有限责任公司

2021年2月28日

（三）文书制作注意事项

1. 申请人可以是诉讼当事人也可以是诉讼参加人

证据保全的主体只能是人民法院，当事人和其他诉讼参加人无权进行证据保全。但是，证据保全申请人可以是本案的当事人、诉讼代理人或法定代表人、诉讼代表人、第三人、诉讼代理人及其他诉讼参加人。除了依申请采取保全措施外，人民法院认为必要的，也可以依职权采取证据保全措施。证据保全的对象是有关证据，包括证人证言、物证、书证、视听资料等各种证据。

2. 申请证据保全应当提交证据保全申请书

申请书应当载明申请人的姓名或者单位名称、住所地等基本情况；申请事项；事实和理由。事实部分主要说明所要保全的证据的内容，理由部分主要说明需要由人民法院保全证据的原因，可重点说明证据可能因为一方当事人的隐匿、毁灭，物品的腐烂，现场被破坏、痕迹消失、有关证人可能死亡或者出国定居等发生灭失或者以后难以取得的情况发生，给当事人举证和人民法院查明真相带来困难，从而给申请人带来不应有的风险。因此，请求人民法院及时对证据进行保全。

3. 证据保全申请应当向有管辖权的人民法院提出

当事人申请证据保全可以在起诉前提出，也可以在起诉后开庭审理前提出。起诉后是向受理案件的人民法院提出，而起诉前可以向对系争案件具有管辖权的人民法院提出。

附录：

中华人民共和国民事诉讼法（节录）

（1991年4月9日第七届全国人民代表大会第四次会议通过　根据2007年10月28日第十届全国人民代表大会常务委员会第三十次会议《关于修改〈中华人民共和国民事诉讼法〉的决定》第一次修正　根据2012年8月31日第十一届全国人民代表大会常务委员会第二十八次会议《关于修改〈中华人民共和国民事诉讼法〉的决定》第二次修正　根据2017年6月27日第十二届全国人民代表大会常务委员会第二十八次会议《关于修改〈中华人民共和国民事诉讼法〉和〈中华人民共和国行政诉讼法〉的决定》第三次修正　根据2021年12月24日第十三届全国人民代表大会常务委员会第三十二次会议《关于修改〈中华人民共和国民事诉讼法〉的决定》第四次修正）

目　录

第九章　保全和先予执行
第十章　对妨害民事诉讼的强制措施
第十一章　诉讼费用
第二编　审判程序
第十二章　第一审普通程序
　第一节　起诉和受理
　第二节　审理前的准备
　第三节　开庭审理
　第四节　诉讼中止和终结
　第五节　判决和裁定
第十三章　简易程序
第十四章　第二审程序
第十五章　特别程序
　第一节　一般规定
　第二节　选民资格案件
　第三节　宣告失踪、宣告死亡案件
　第四节　认定公民无民事行为能力、限制民事行为能力案件
　第五节　认定财产无主案件
　第六节　确认调解协议案件
　第七节　实现担保物权案件
第十六章　审判监督程序
第十七章　督促程序
第十八章　公示催告程序
第三编　执行程序
第十九章　一般规定
第二十章　执行的申请和移送
第二十一章　执行措施
第二十二章　执行中止和终结
第四编　涉外民事诉讼程序的特别规定
第二十三章　一般原则
第二十四章　管辖
第二十五章　送达、期间

第二十六章　仲裁

第二十七章　司法协助

第一编　总　则

第二章　管　辖

第二节　地域管辖

第三十四条　下列案件，由本条规定的人民法院专属管辖：

（一）因不动产纠纷提起的诉讼，由不动产所在地人民法院管辖；

（二）因港口作业中发生纠纷提起的诉讼，由港口所在地人民法院管辖；

（三）因继承遗产纠纷提起的诉讼，由被继承人死亡时住所地或者主要遗产所在地人民法院管辖。

第二编　审判程序

第十二章　第一审普通程序

第四节　诉讼中止和终结

第一百五十三条　有下列情形之一的，中止诉讼：

（一）一方当事人死亡，需要等待继承人表明是否参加诉讼的；

（二）一方当事人丧失诉讼行为能力，尚未确定法定代理人的；

（三）作为一方当事人的法人或者其他组织终止，尚未确定权利义务承受人的；

（四）一方当事人因不可抗拒的事由，不能参加诉讼的；

（五）本案必须以另一案的审理结果为依据，而另一案尚未审结的；

（六）其他应当中止诉讼的情形。

中止诉讼的原因消除后，恢复诉讼。

第一百五十四条　有下列情形之一的，终结诉讼：

（一）原告死亡，没有继承人，或者继承人放弃诉讼权利的；

（二）被告死亡，没有遗产，也没有应当承担义务的人的；

（三）离婚案件一方当事人死亡的；

（四）追索赡养费、扶养费、抚养费以及解除收养关系案件的一方当事人死亡的。

第十五章　特别程序

第一节　一般规定

第一百八十四条　人民法院审理选民资格案件、宣告失踪或者宣告死亡案件、认定公民无民事行为能力或者限制民事行为能力案件、认定财产无主案件、确认调解协议案件和实现担保物权案件，适用本章规定。本章没有规定的，适用本法和其他法律的有关规定。

第一百八十五条　依照本章程序审理的案件，实行一审终审。选民资格案件或者重大、疑难的案件，由审判员组成合议庭审理；其他案件由审判员一人独任审理。

第一百八十六条　人民法院在依照本章程序审理案件的过程中，发现本案属于民事权益争议的，应当裁定终结特别程序，并告知利害关系人可以另行起诉。

第一百八十七条　人民法院适用特别程序审理的案件，应当在立案之日起三十日内或者公告期满后三十日内审结。有特殊情况需要延长的，由本院院长批准。但审理选民资格的案件除外。

第三节　宣告失踪、宣告死亡案件

第一百九十条　公民下落不明满二年，利害关系人申请宣告其失踪的，向下落不明人住所地基层人民法院提出。

申请书应当写明失踪的事实、时间和请求，并附有公安机关或者其他有关机关关于该公民下落不明的书面证明。

第一百九十一条　公民下落不明满四年，或者因意外事件下落不明满二年，或者因意外事件下落不明，经有关机关证明该公民不可能生存，利害关系人申请宣告其死亡的，向下落不明人住所地基层人民法院提出。

申请书应当写明下落不明的事实、时间和请求，并附有公安机关或者其他有关机关关于该公民下落不明的书面证明。

第一百九十二条　人民法院受理宣告失踪、宣告死亡案件后，应当发出寻找下落不明人的公告。宣告失踪的公告期间为三个月，宣告死亡的公告期间为一年。因意外事件下落不明，经有关机关证明该公民不可能生存的，宣告死亡的公告期间为三个月。

公告期间届满，人民法院应当根据被宣告失踪、宣告死亡的事实是否得到确认，作出宣告失踪、宣告死亡的判决或者驳回申请的判决。

第一百九十三条 被宣告失踪、宣告死亡的公民重新出现，经本人或者利害关系人申请，人民法院应当作出新判决，撤销原判决。

第五节 认定财产无主案件

第一百九十八条 申请认定财产无主，由公民、法人或者其他组织向财产所在地基层人民法院提出。

申请书应当写明财产的种类、数量以及要求认定财产无主的根据。

第一百九十九条 人民法院受理申请后，经审查核实，应当发出财产认领公告。公告满一年无人认领的，判决认定财产无主，收归国家或者集体所有。

第二百条 判决认定财产无主后，原财产所有人或者继承人出现，在民法典规定的诉讼时效期间可以对财产提出请求，人民法院审查属实后，应当作出新判决，撤销原判决。

第三编 执行程序

第二十章 执行的申请和移送

第二百四十三条 发生法律效力的民事判决、裁定，当事人必须履行。一方拒绝履行的，对方当事人可以向人民法院申请执行，也可以由审判员移送执行员执行。

调解书和其他应当由人民法院执行的法律文书，当事人必须履行。一方拒绝履行的，对方当事人可以向人民法院申请执行。

第二百四十四条 对依法设立的仲裁机构的裁决，一方当事人不履行的，对方当事人可以向有管辖权的人民法院申请执行。受申请的人民法院应当执行。

被申请人提出证据证明仲裁裁决有下列情形之一的，经人民法院组成合议庭审查核实，裁定不予执行：

（一）当事人在合同中没有订有仲裁条款或者事后没有达成书面仲裁协议的；

（二）裁决的事项不属于仲裁协议的范围或者仲裁机构无权仲裁的；

（三）仲裁庭的组成或者仲裁的程序违反法定程序的；

（四）裁决所根据的证据是伪造的；

（五）对方当事人向仲裁机构隐瞒了足以影响公正裁决的证据的；

（六）仲裁员在仲裁该案时有贪污受贿，徇私舞弊，枉法裁决行为的。

人民法院认定执行该裁决违背社会公共利益的，裁定不予执行。

裁定书应当送达双方当事人和仲裁机构。

仲裁裁决被人民法院裁定不予执行的，当事人可以根据双方达成的书面仲裁协议重新申请仲裁，也可以向人民法院起诉。

第二百四十五条 对公证机关依法赋予强制执行效力的债权文书，一方当事人不履行的，对方当事人可以向有管辖权的人民法院申请执行，受申请的人民法院应当执行。

公证债权文书确有错误的，人民法院裁定不予执行，并将裁定书送达双方当事人和公证机关。

第二百四十六条 申请执行的期间为二年。申请执行时效的中止、中断，适用法律有关诉讼时效中止、中断的规定。

前款规定的期间，从法律文书规定履行期间的最后一日起计算；法律文书规定分期履行的，从最后一期履行期限届满之日起计算；法律文书未规定履行期间的，从法律文书生效之日起计算。

第二百四十七条 执行员接到申请执行书或者移交执行书，应当向被执行人发出执行通知，并可以立即采取强制执行措施。

第二十二章 执行中止和终结

第二百六十三条 有下列情形之一的，人民法院应当裁定中止执行：

（一）申请人表示可以延期执行的；

（二）案外人对执行标的提出确有理由的异议的；

（三）作为一方当事人的公民死亡，需要等待继承人继承权利或者承担义务的；

（四）作为一方当事人的法人或者其他组织终止，尚未确定权利义务承受人的；

（五）人民法院认为应当中止执行的其他情形。

中止的情形消失后，恢复执行。

第二百六十四条 有下列情形之一的，人民法院裁定终结执行：

（一）申请人撤销申请的；

（二）据以执行的法律文书被撤销的；

（三）作为被执行人的公民死亡，无遗产可供执行，又无义务承担人的；

（四）追索赡养费、扶养费、抚养费案件的权利人死亡的；

（五）作为被执行人的公民因生活困难无力偿还借款，无收入来源，又丧失劳动能力的；

（六）人民法院认为应当终结执行的其他情形。

第二百六十五条 中止和终结执行的裁定，送达当事人后立即生效。

中华人民共和国公证法（节录）

（2005 年 8 月 28 日第十届全国人民代表大会常务委员会第十七次会议通过　根据 2015 年 4 月 24 日第十二届全国人民代表大会常务委员会第十四次会议《关于修改〈中华人民共和国义务教育法〉等五部法律的决定》第一次修正　根据 2017 年 9 月 1 日第十二届全国人民代表大会常务委员会第二十九次会议《关于修改〈中华人民共和国法官法〉等八部法律的决定》第二次修正）

目　录

第二章　公证机构

第十一条　根据自然人、法人或者其他组织的申请，公证机构办理下列公证事项：

（一）合同；

（二）继承；

（三）委托、声明、赠与、遗嘱；

（四）财产分割；

（五）招标投标、拍卖；

（六）婚姻状况、亲属关系、收养关系；

（七）出生、生存、死亡、身份、经历、学历、学位、职务、职称、有无违法犯罪记录；

（八）公司章程；

（九）保全证据；

（十）文书上的签名、印鉴、日期，文书的副本、影印本与原本相符；

（十一）自然人、法人或者其他组织自愿申请办理的其他公证事项。

法律、行政法规规定应当公证的事项，有关自然人、法人或者其他组织应当向公证机构申请办理公证。

第十二条 根据自然人、法人或者其他组织的申请，公证机构可以办理下列事务：

（一）法律、行政法规规定由公证机构登记的事务；

（二）提存；

（三）保管遗嘱、遗产或者其他与公证事项有关的财产、物品、文书；

（四）代写与公证事项有关的法律事务文书；

（五）提供公证法律咨询。

第十三条 公证机构不得有下列行为：

（一）为不真实、不合法的事项出具公证书；

（二）毁损、篡改公证文书或者公证档案；

（三）以诋毁其他公证机构、公证员或者支付回扣、佣金等不正当手段争揽公证业务；

（四）泄露在执业活动中知悉的国家秘密、商业秘密或者个人隐私；

（五）违反规定的收费标准收取公证费；

（六）法律、法规、国务院司法行政部门规定禁止的其他行为。

第四章 公证程序

第二十五条 自然人、法人或者其他组织申请办理公证，可以向住所地、经常居住地、行为地或者事实发生地的公证机构提出。

申请办理涉及不动产的公证，应当向不动产所在地的公证机构提出；申请办理涉及不动产的委托、声明、赠与、遗嘱的公证，可以适用前款规定。

第二十六条 自然人、法人或者其他组织可以委托他人办理公证，但遗嘱、生存、收养关系等应当由本人办理公证的除外。

第二十七条 申请办理公证的当事人应当向公证机构如实说明申请公证的事项的有关情况，提供真实、合法、充分的证明材料；提供的证明材料不充分的，公证机构可以要求补充。

公证机构受理公证申请后，应当告知当事人申请公证事项的法律意义和可能产生的法律后果，并将告知内容记录存档。

第二十八条 公证机构办理公证，应当根据不同公证事项的办证规则，分别审查下列事项：

（一）当事人的身份、申请办理该项公证的资格以及相应的权利；

（二）提供的文书内容是否完备，含义是否清晰，签名、印鉴是否齐全；

（三）提供的证明材料是否真实、合法、充分；

（四）申请公证的事项是否真实、合法。

第二十九条 公证机构对申请公证的事项以及当事人提供的证明材料，按照有关办证规则需要核实或者对其有疑义的，应当进行核实，或者委托异地公证机构代为核实，有关单位或者个人应当依法予以协助。

第三十条 公证机构经审查，认为申请提供的证明材料真实、合法、充分，申请公证的事项真实、合法的，应当自受理公证申请之日起十五个工作日内向当事人出具公证书。但是，因不可抗力、补充证明材料或者需要核实有关情况的，所需时间不计算在期限内。

第三十一条 有下列情形之一的，公证机构不予办理公证：

（一）无民事行为能力人或者限制民事行为能力人没有监护人代理申请办理公证的；

（二）当事人与申请公证的事项没有利害关系的；

（三）申请公证的事项属专业技术鉴定、评估事项的；

（四）当事人之间对申请公证的事项有争议的；

（五）当事人虚构、隐瞒事实，或者提供虚假证明材料的；

（六）当事人提供的证明材料不充分或者拒绝补充证明材料的；

（七）申请公证的事项不真实、不合法的；

（八）申请公证的事项违背社会公德的；

（九）当事人拒绝按照规定支付公证费的。

第三十二条 公证书应当按照国务院司法行政部门规定的格式制作，由公证员签名或者加盖签名章并加盖公证机构印章。公证书自出具之日起生效。

公证书应当使用全国通用的文字；在民族自治地方，根据当事人的要求，可以制作当地通用的民族文字文本。

第三十三条 公证书需要在国外使用，使用国要求先认证的，应当经中华人民共和国外交部或者外交部授权的机构和有关国家驻中华人民共和国使（领）馆认证。

第三十四条 当事人应当按照规定支付公证费。

对符合法律援助条件的当事人，公证机构应当按照规定减免公证费。

第三十五条 公证机构应当将公证文书分类立卷，归档保存。法律、行政法规规定应当公证的事项等重要的公证档案在公证机构保存期满，应当按照规定移交地方档案馆保管。

最高人民法院关于适用《中华人民共和国民法典》继承编的解释（一）

（2020年12月25日最高人民法院审判委员会第1825次会议通过 自2021年1月1日起施行）

为正确审理继承纠纷案件，根据《中华人民共和国民法典》等相关法律规定，结合审判实践，制定本解释。

一、一般规定

第一条 继承从被继承人生理死亡或者被宣告死亡时开始。

宣告死亡的，根据民法典第四十八条规定确定的死亡日期，为继承开始的时间。

第二条 承包人死亡时尚未取得承包收益的，可以将死者生前对承包所投入的资金和所付出的劳动及其增值和孳息，由发包单位或者接续承包合同的人合理折价、补偿。其价额作为遗产。

第三条 被继承人生前与他人订有遗赠扶养协议，同时又立有遗嘱的，继承开始后，如果遗赠扶养协议与遗嘱没有抵触，遗产分别按协议和遗嘱处理；如果有抵触，按协议处理，与协议抵触的遗嘱全部或者部分无效。

第四条 遗嘱继承人依遗嘱取得遗产后，仍有权依照民法典第一千一百三十条的规定取得遗嘱未处分的遗产。

第五条 在遗产继承中，继承人之间因是否丧失继承权发生纠纷，向人民法院提起诉讼的，由人民法院依据民法典第一千一百二十五条的规定，判决确认其是否丧失继承权。

第六条 继承人是否符合民法典第一千一百二十五条第一款第三项规定的“虐待被继承人情节严重”，可以从实施虐待行为的时间、手段、后果和社会影响等方面认定。

虐待被继承人情节严重的，不论是否追究刑事责任，均可确认其丧失继承权。

第七条 继承人故意杀害被继承人的，不论是既遂还是未遂，均应当确认其丧失继承权。

第八条 继承人有民法典第一千一百二十五条第一款第一项或者第二

项所列之行为，而被继承人以遗嘱将遗产指定由该继承人继承的，可以确认遗嘱无效，并确认该继承人丧失继承权。

第九条 继承人伪造、篡改、隐匿或者销毁遗嘱，侵害了缺乏劳动能力又无生活来源的继承人的利益，并造成其生活困难的，应当认定为民法典第一千一百二十五条第一款第四项规定的“情节严重”。

二、法定继承

第十条 被收养人对养父母尽了赡养义务，同时又对生父母扶养较多的，除可以依照民法典第一千一百二十七条的规定继承养父母的遗产外，还可以依照民法典第一千一百三十一条的规定分得生父母适当的遗产。

第十一条 继子女继承了继父母遗产的，不影响其继承生父母的遗产。

继父母继承了继子女遗产的，不影响其继承生子女的遗产。

第十二条 养子女与生子女之间、养子女与养子女之间，系养兄弟姐妹，可以互为第二顺序继承人。

被收养人与其亲兄弟姐妹之间的权利义务关系，因收养关系的成立而消除，不能互为第二顺序继承人。

第十三条 继兄弟姐妹之间的继承权，因继兄弟姐妹之间的扶养关系而发生。没有扶养关系的，不能互为第二顺序继承人。

继兄弟姐妹之间相互继承了遗产的，不影响其继承亲兄弟姐妹的遗产。

第十四条 被继承人的孙子女、外孙子女、曾孙子女、外曾孙子女都可以代位继承，代位继承人不受辈数的限制。

第十五条 被继承人的养子女、已形成扶养关系的继子女的生子女可以代位继承；被继承人亲生子女的养子女可以代位继承；被继承人养子女的养子女可以代位继承；与被继承人已形成扶养关系的继子女的养子女也可以代位继承。

第十六条 代位继承人缺乏劳动能力又没有生活来源，或者对被继承人尽过主要赡养义务的，分配遗产时，可以多分。

第十七条 继承人丧失继承权的，其晚辈直系血亲不得代位继承。如该代位继承人缺乏劳动能力又没有生活来源，或者对被继承人尽赡养义务较多的，可以适当分给遗产。

第十八条 丧偶儿媳对公婆、丧偶女婿对岳父母，无论其是否再婚，依照民法典第一千一百二十九条规定作为第一顺序继承人时，不影响其子女代位继承。

第十九条 对被继承人生活提供了主要经济来源，或者在劳务等方面给予了主要扶助的，应当认定其尽了主要赡养义务或主要扶养义务。

第二十条 依照民法典第一千一百三十一条规定可以分给适当遗产的人，分给他们遗产时，按具体情况可以多于或者少于继承人。

第二十一条 依照民法典第一千一百三十一条规定可以分给适当遗产的人，在其依法取得被继承人遗产的权利受到侵犯时，本人有权以独立的诉讼主体资格向人民法院提起诉讼。

第二十二条 继承人有扶养能力和扶养条件，愿意尽扶养义务，但被继承人因有固定收入和劳动能力，明确表示不要求其扶养的，分配遗产时，一般不应因此而影响其继承份额。

第二十三条 有扶养能力和扶养条件的继承人虽然与被继承人共同生活，但对需要扶养的被继承人不尽扶养义务，分配遗产时，可以少分或者不分。

三、遗嘱继承和遗赠

第二十四条 继承人、受遗赠人的债权人、债务人，共同经营的合伙人，也应当视为与继承人、受遗赠人有利害关系，不能作为遗嘱的见证人。

第二十五条 遗嘱人未保留缺乏劳动能力又没有生活来源的继承人的遗产份额，遗产处理时，应当为该继承人留下必要的遗产，所剩余的部分，才可参照遗嘱确定的分配原则处理。

继承人是否缺乏劳动能力又没有生活来源，应当按遗嘱生效时该继承人的具体情况确定。

第二十六条 遗嘱人以遗嘱处分了国家、集体或者他人财产的，应当认定该部分遗嘱无效。

第二十七条 自然人在遗书中涉及死后个人财产处分的内容，确为死者的真实意思表示，有本人签名并注明了年、月、日，又无相反证据的，可以按自书遗嘱对待。

第二十八条 遗嘱人立遗嘱时必须具有完全民事行为能力。无民事行为能力人或者限制民事行为能力人所立的遗嘱，即使其本人后来具有完全民事行为能力，仍属无效遗嘱。遗嘱人立遗嘱时具有完全民事行为能力，后来成为无民事行为能力人或者限制民事行为能力人的，不影响遗嘱的效力。

第二十九条 附义务的遗嘱继承或者遗赠，如义务能够履行，而继承人、受遗赠人无正当理由不履行，经受益人或者其他继承人请求，人民法院可以取消其接受附义务部分遗产的权利，由提出请求的继承人或者受益人负责按遗嘱人的意愿履行义务，接受遗产。

四、遗产的处理

第三十条 人民法院在审理继承案件时，如果知道有继承人而无法通知的，分割遗产时，要保留其应继承的遗产，并确定该遗产的保管人或者保管单位。

第三十一条 应当为胎儿保留的遗产份额没有保留的，应从继承人所继承的遗产中扣回。

为胎儿保留的遗产份额，如胎儿出生后死亡的，由其继承人继承；如胎儿娩出时是死体的，由被继承人的继承人继承。

第三十二条 继承人因放弃继承权，致其不能履行法定义务的，放弃继承权的行为无效。

第三十三条 继承人放弃继承应当以书面形式向遗产管理人或者其他继承人表示。

第三十四条 在诉讼中，继承人向人民法院以口头方式表示放弃继承的，要制作笔录，由放弃继承的人签名。

第三十五条 继承人放弃继承的意思表示，应当在继承开始后、遗产分割前作出。遗产分割后表示放弃的不再是继承权，而是所有权。

第三十六条 遗产处理前或者在诉讼进行中，继承人对放弃继承反悔的，由人民法院根据其提出的具体理由，决定是否承认。遗产处理后，继承人对放弃继承反悔的，不予承认。

第三十七条 放弃继承的效力，追溯到继承开始的时间。

第三十八条 继承开始后，受遗赠人表示接受遗赠，并于遗产分割前死亡的，其接受遗赠的权利转移给他的继承人。

第三十九条 由国家或者集体组织供给生活费用的烈属和享受社会救济的自然人，其遗产仍应准许合法继承人继承。

第四十条 继承人以外的组织或者个人与自然人签订遗赠扶养协议后，无正当理由不履行，导致协议解除的，不能享有受遗赠的权利，其支付的供养费用一般不予补偿；遗赠人无正当理由不履行，导致协议解除的，则应当偿还继承人以外的组织或者个人已支付的供养费用。

第四十一条 遗产因无人继承又无人受遗赠归国家或者集体所有制组织所有时，按照民法典第一千一百三十一条规定可以分给适当遗产的人提出取得遗产的诉讼请求，人民法院应当视情况适当分给遗产。

第四十二条 人民法院在分割遗产中的房屋、生产资料和特定职业所需要的财产时，应当依据有利于发挥其使用效益和继承人的实际需要，兼顾各继承人的利益进行处理。

第四十三条 人民法院对故意隐匿、侵吞或者争抢遗产的继承人，可以酌情减少其应继承的遗产。

第四十四条 继承诉讼开始后，如继承人、受遗赠人中有既不愿参加诉讼，又不表示放弃实体权利的，应当追加为共同原告；继承人已书面表示放弃继承、受遗赠人在知道受遗赠后六十日内表示放弃受遗赠或者到期没有表示的，不再列为当事人。

五、附则

第四十五条 本解释自2021年1月1日起施行。

最高人民法院关于审理涉及公证活动相关民事案件的若干规定

（2014年4月28日最高人民法院审判委员会第1614次会议通过　根据2020年12月23日最高人民法院审判委员会第1823次会议通过的《最高人民法院关于修改〈最高人民法院关于人民法院民事调解工作若干问题的规定〉等十九件民事诉讼类司法解释的决定》修正）

为正确审理涉及公证活动相关民事案件，维护当事人的合法权益，根据《中华人民共和国民法典》《中华人民共和国公证法》《中华人民共和国民事诉讼法》等法律的规定，结合审判实践，制定本规定。

第一条　当事人、公证事项的利害关系人依照公证法第四十三条规定向人民法院起诉请求民事赔偿的，应当以公证机构为被告，人民法院应作为侵权责任纠纷案件受理。

第二条　当事人、公证事项的利害关系人起诉请求变更、撤销公证书或者确认公证书无效的，人民法院不予受理，告知其依照公证法第三十九条规定可以向出具公证书的公证机构提出复查。

第三条　当事人、公证事项的利害关系人对公证书所公证的民事权利义务有争议的，可以依照公证法第四十条规定就该争议向人民法院提起民事诉讼。

当事人、公证事项的利害关系人对具有强制执行效力的公证债权文书的民事权利义务有争议直接向人民法院提起民事诉讼的，人民法院依法不予受理。但是，公证债权文书被人民法院裁定不予执行的除外。

第四条　当事人、公证事项的利害关系人提供证据证明公证机构及其公证员在公证活动中具有下列情形之一的，人民法院应当认定公证机构有过错：

（一）为不真实、不合法的事项出具公证书的；

（二）毁损、篡改公证书或者公证档案的；

（三）泄露在执业活动中知悉的商业秘密或者个人隐私的；

（四）违反公证程序、办证规则以及国务院司法行政部门制定的行业规范出具公证书的；

（五）公证机构在公证过程中未尽到充分的审查、核实义务，致使公证书错误或者不真实的；

（六）对存在错误的公证书，经当事人、公证事项的利害关系人申请仍不予纠正或者补正的；

（七）其他违反法律、法规、国务院司法行政部门强制性规定的情形。

第五条 当事人提供虚假证明材料申请公证致使公证书错误造成他人损失的，当事人应当承担赔偿责任。公证机构依法尽到审查、核实义务的，不承担赔偿责任；未依法尽到审查、核实义务的，应当承担与其过错相应的补充赔偿责任；明知公证证明的材料虚假或者与当事人恶意串通的，承担连带赔偿责任。

第六条 当事人、公证事项的利害关系人明知公证机构所出具的公证书不真实、不合法而仍然使用造成自己损失，请求公证机构承担赔偿责任的，人民法院不予支持。

第七条 本规定施行后，涉及公证活动的民事案件尚未终审的，适用本规定；本规定施行前已经终审，当事人申请再审或者按照审判监督程序决定再审的，不适用本规定。